KB180862

국어의 대명사, 관형사, 감탄사 연구

저자 **김승곤**

· 한글학회 회장 및 재단이사
· 건국대학교 문과대학 국어국문학과, 대학원 졸업
· 건국대학교 인문과학대학장, 문과대학장, 총무처장, 부총장 역임
· 문화체육부 국어심의회 한글분과위원 역임
· 주요저서: 『관형격조사 '의'의 통어적 의미분석』(2007), 『21세기 우리말 때매김 연구』
  (2008), 『21세기 국어 토씨 연구』(2009), 『국어통어론』(2010), 『문법적으로 쉽
  게 풀어 쓴 논어』(2010), 『문법적으로 쉽게 풀어 쓴 향가』(2013), 『국어 조사의
  어원과 변천 연구』(2014), 『21세기 국어형태론』(2015), 『국어 부사의 조어법과
  분류』(2015) 등이 있음

국어의 대명사, 관형사, 감탄사 연구

© 김승곤, 2016

1판 1쇄 인쇄__2016년 09월 20일
1판 1쇄 발행__2016년 09월 30일

지은이__김승곤
펴낸이__이종엽

펴낸곳__글모아출판
  등록__제324-2005-42호

공급처__(주)글로벌콘텐츠출판그룹
  대표__홍정표
  편집__송은주 디자인__김미미 기획·마케팅__노경민 경영지원__이아리
  주소__서울특별시 강동구 천중로 196 정일빌딩 401호
  전화__02) 488-3280 팩스__02) 488-3281
  홈페이지__http://www.gcbook.co.kr
  이메일__edit@gcbook.co.kr

값 8,000원
ISBN 978-89-94626-45-1 93710

국어의
대명사,
관형사,
감탄사 연구

김승곤 지음

머리말

글쓴이는 한글학회에서 간행한 『우리말사전』을 수무 번, 서른 번도 더 보았다. 왜냐하면 조사, 부사, 형용사의 분류를 위해서는 물론 대명사, 관형사, 감탄사 등을 일일이 조사하기 위해서였다.

조사와 부사의 분류는 이미 책이 나와 있으며, 형용사의 분류는 곧 출간할 예정이다.

여기서는 국어의 대명사는 물론 관형사, 감탄사 모두를 자세히 분류하여 한 권의 책으로 간행하기로 하였다.

지금까지 우리가 알고 있는 대명사와 관형사 및 감탄사는 국어 형태론에서 다루어진 것을 모두라고 생각하고 있으나 국어사전을 일일이 조사하여 보면 그 수는 놀랄 만큼 많다.

그에 앞서 글쓴이의 국어형태론에서 다루어진 대명사, 관형사, 감탄사를 먼저 알아 보고 다음에 사전에서 찾은 이들 품사에 대하여 자세히 알아 보기로 하겠다.

2016.08

김승곤

목차

제3장 새국어사전에서 조사한 관형사

제4장 새국어사전에서 조사한 감탄사

제1장

국어형태론에서 다루어진 대명사, 관형사, 감탄사

1. 국어형태론에서 다룬 대명사

이는 그 가리키는 대상에 따라 인칭대명사와 지시대명사의 두 가지로 가른다. 인칭대명사란 사람을 가리키는 데만 쓰이는 대명사이므로, '나, 너, 그대, 이분, 이이, 그분, 그이, …' 등과 같은 말들이요, 지시대명사는 사람 이외의 사물은 물론, 곳, 쪽, 때를 나타내는 대명사를 말한다.

예를 들면, '이것, 그것, 저것, 여기, 거기, 저기, 이리, 그리, 저리, 이때, 그때, 접때' 등이 그것이다. 그런데 인칭대명사에 대하여 주의할 것은 영어의 인칭대명사와 다르다는 점이다. 왜냐하면, 1인칭과 2인칭의 대명사는 다같이 사람을 나타내는 점이 같으나 3인칭의 대명사, 'he, she, it'는 사람은 물론 사물까지도 나타내기 때문이다.

1.1. 인칭대명사의 갈래

이는 그 인칭을 따라서 1인칭, 2인칭, 3인칭, 재귀칭의 네 가지로 가른다.

1.2. 1인칭 인칭대명사

1인칭의 인칭대명사는 주격과 관형격을 나타내는 형태적 구별이 있고 또 단수, 부수의 구별 및 높임의 등분이 있다.

셈 높임의 등분	주격				관형격			
	아주 낮춤	예사 낮춤	예사 높임	아주 높임	아주 낮춤	예사 낮춤	예사 높임	아주 높임
단수	저, 제	나, 내			제	내		
복수	저희	우리 우리네						

1.3. 2인칭 인칭대명사

셈 높임의 등분	주격				관형격			
	아주 낮춤	예사 낮춤	예사 높임	아주 높임	아주 낮춤	예사 낮춤	예사 높임	아주 높임
단수	너, 네	자네	그대 당신	어르신 어른	네	자네의	그대의 당신의	어르신의 어른의
복수	너희 너희들	자네들	그대들 당신들	어르신네 어르신들	너희 너희들의	자네들의	그대들의 당신들의	어르신네의 어르신들의

1.4. 3인칭 인칭대명사

이에는 주격과 관형격의 형태적 차이가 없고 다만 정칭인칭대명사와 부정칭인칭대명사의 둘로 나누어지는데 정칭인칭대명사는 그 가리켜지는 자리의 멀고 가까움을 따라서 가까움, 떨어짐, 멀음의 세 가지로 나누는데 '가까움'은 말할이에 대하여 위치상 가까운 사람을 나타내고 '떨어짐'은 들을이에게 가까운 사람을 나타내며 '멀음'은 양자에서 다 먼 사람을 나타낸다.

셈 높임의 등분 구분	단수				복수			
	아주 낮춤	예사 낮춤	예사 높임	아주 높임	아주 낮춤	예사 낮춤	예사 높임	아주 높임
정칭 가까움	이애	이 사람	이분 이이	당신	이애들	이 사람들 이들	이분들 이이들	당신들
정칭 떨어짐	그애	그 사람	그분 그이	당신	그애들	그 사람들	그분들 그이들	당신들
정칭 멀음	저애	저 사람	저분 저이	당신	저애들	저 사람들	저분들 저이들	당신들
부정칭 모르거나	누구 아무 뉘, 누	어느사람 누구 아무	어느분 아무분 어떤분 어떤이	어느어른 아무어른 어떤어른	누구들 아무들	어느사람들 누구들 아무들	어느분들 아무분들 어떤분들 어떤이들	어느어른들 아무어른들 어떤어른들
부정칭 똑똑하지								

※ 앞에서 말하였지만 3인칭대명사에는 주격과 관형격의 형태적 구별이 없기 때문에 주격으로 쓰일 때는 주격조사를 그 뒤에 붙여 쓰면 되고, 관형격으로 쓰일 때는 그 뒤에 '의'를 붙이면 된다.

1.5. 재귀칭 인칭대명사

재귀칭의 인칭대명사를 외솔 선생은 통칭이라 하였으나(우리말본,[1] 237쪽), 지은이는 위와 같이 부르기로 한다. 이를 복수로 하려면 그 뒤에 '-들'을 붙이면 된다.

---

1) 김승곤, 『[개정판] 21세기 우리말본 연구』, 도서출판 경진, 2011. 이하 '우리말본'으로 표기한다.

대명사 \ 높임의 등분	아주낮춤	예사낮(춤)	(예)사높임	아주높임
재귀칭	저, 남, 자기, 자신, 자기		(자기)자신, 자신	당신

　) 단수: 저, 남, 자기, 자신, 자(신)　(당)신

　) 복수: 저희, 남들, 자기들, 자신(들), 자신들, 당신네, (당신들)

1.6. 지시대명사(사물대명사)

1.6.1. 지시대명사의 갈래와 부정칭지시대명사의 뜻

지시대명사는 그 가리키는 대상에 따라 일몬(사물), 곳, 쪽, 때의 네 가지로 가른다. 지시대명사는 높임의 등분이 없이 3인칭과 통칭의 둘이 있는데, 3인칭에는 잡힘(정칭)과 안잡힘(부정칭)의 두 가지가 있으며 정칭에는 가까움, 떨어짐, 멀음의 세 가지가 있다. 이것을 표로 나타내면 다음과 같다.

인칭 \ 갈래			일몬	곳	쪽	때
3인칭	정칭	가까움	이것(-들), 이	여기	이리	이때
		떨어짐	그것(-들), 그	거기	그리	그때
		멀 음	저것(-들), 저	저기	저리	접때
	부정칭		무엇(부지) 어느것(불명) 아무것(불택) 어떤것(부정)	어데(어디)(부지) 아무데(불택) 어떤데(부정)	어느쪽(불명) 아무쪽(불택) 어떤쪽(부정)	언제(부지) 어떤때(부정) 아무때(불택) 어느때(불명)
	통칭		그것, 다른것	거기, 다른데		다른때

1.6.2. 지시대명사의 작은말

지시대명사 중 일몬(사물)의 '이것, 그것, 저것'과, 곳의 '여기, 거기, 저기', 쪽의 '이리, 그리, 저리', 때의 '이때, 그때, 접때' 등은 작은말이 있음이 부정칭지시대명사와 다르다. 이들을 표로 보이면 다음과 같다.

인칭 \ 갈래	구분	일몬		곳		쪽		때	
		큰말	작은말	큰말	작은말	큰말	작은말	큰말	작은말
정칭	가까움	이것	요것	여기	요기	이리	요리	이때	요때
	떨어짐	그것	고것	거기	고기	그리	고리	그때	고때
	멀 음	저것	조것	저기	조기	저리	조리	접때	조때

2. 국어형태론에서 다룬 관형사

2.1. 관형사의 특질

관형사란 체언 앞에 와서 그 체언을 매기는 구실을 하는 한 동아리의 품사를 말한다. 관형사는 활용을 하지 않으면서 오로지 체언만을 매기는 것이 그 특징이다.

> (1) ㄱ. 이 책이 역사 책이다.
>   ㄴ. 저 사람이 기술자이다.

(1ㄱ~ㄴ)에서 '이, 저'가 관형사로서 명사 '책'과 '사람' 앞에 와서 그들을 매기고 있다. 그러면서 품사활용을 전혀 하지 않았다. 용언이 체언을 매기기 위해서는 활용을 하여 관형법이 되어야 하나 관형사는 그렇지 아니 하다. 그런데 지시관형사 '이', '그', '저'는 '요', '고', '조'의 작은말이 있음이 특징이다.

2.2. 관형사의 갈래

관형사는 토박이말로 된 것과 한자말로 된 것으로 가를 수 있다. 그러나 그 뜻에 따라 형용관형사와 지시관형사의 두 가지로 가르는 것이 일반적이다.2)

2.3. 형용관형사

이는 그 뒤 체언의 성질, 모양 등 그 체언의 속성이 어떠함을 실질적으로 나타내는 관형사이다.

(2) 새, 헌, 첫, 헛, 옛, 여러, 기나긴, 외, 온, 각, 왼, 오른, 뭇, 딴, 단(單), 외딴, 온갖, 진(眞), 가(假), 공(公), 사(私), 순(純), 잡(雜), 만(滿), 별의별, 일대, 전(全), 현(現) 등이 있다.3)

(3) ㄱ. 옛 어른의 말씀은 모두 옳다.
    ㄴ. 너의 첫 사랑에 대하여 듣고 싶다.

---

2) 최현배, 『우리말본』(열 번째 고침판), 정음문화사, 1983, 578~579쪽.
3) 정인승, 『표준고등말본』, 신구문화사, 1956, 144~145쪽 참조.

ㄷ. <u>순</u> 생맥주를 한잔 주시오,

ㄹ. 옥수수밭은 <u>일대</u> 장관이었다.

ㅁ. 우리의 힘을 <u>전</u> 세계에 드높이자.

2.4. 지시관형사

말할이가 어떤 대상을 직접 가리켜서 말할 때 쓰이는 관형사인데 그 인칭의 확실함과 확실하지 않음에 따라 정칭과 부정칭의 두 가지로 나눈다.

(4) ㄱ. 정칭

㉮ 토박이말 : 이, 이까짓, 그, 그까짓, 저, 저까짓, 요, 요까짓, 고, 고까짓, 조, 조까짓, 여느

㉯ 한자말 : 해(該), 귀(貴), 본(本), 타(他), 동(同), 현(現), 내 (來), 전(前), 후(後)

ㄴ. 부정칭

㉮ 토박이말 : 아무, 어느, 무슨, 웬

㉯ 한자말 : 모(某)[4]

위의 지시관형사는 인칭 구실은 물론 말받기(조응) 구실과 강조 구실을 한다.

(5) ㄱ. 여기에 많은 책이 있다. <u>이</u> 중에서 좋은 것을 하나 골라 가거라.

---

4) 최현배, 앞의 책, 584~585쪽 참조.

ㄴ. <u>저</u> 일을 어떡하노? 큰일 났구나.

ㄷ. <u>조</u> 못된 사람이 어디 있나.

(5ㄱ)의 밑줄 친 '이'는 '많은 책'을 받으므로 앞말받기(앞조응)이
요, (5ㄴ)의 밑줄 친 '저'는 글 밖의 말받기이므로 밭말받기(밭조응)
이다. (5ㄷ)의 '조'는 강조하기 위해서 쓰인 것이다.

여기서 하나 덧붙일 것은 종래 수량관형사는 품사 분류에서 수사
로 처리하였기 때문에 여기서는 다루지 아니 한다.

3. 국어형태론에서 다룬 감탄사

문장 앞에서 독립성을 가지면서 말할이의 느낌을 나타내는 말로
서 조사의 도움을 받지 않는 품사를 말한다. 감탄사는 본래 문장
앞에 오는 것이 원칙이나 경우에 따라서는 문장의 중간이나 끝에도
쓰인다.

3.1. 감탄사의 갈래

감탄사는 그 나타내는 뜻에 따라 감정적 감탄사, 의지적 감탄사,
말버릇 감탄사, 말더듬 감탄사의 넷으로 나눈다.

3.2. 감정적 감탄사

놀람, 기쁨 같은 순수한 감정만을 나타내는 감탄사로 다음과 같

은 것이 있다.5)

① 기쁨: 하, 하하, 허허

② 성냄: 에, 엣, 에이, 엑기, 원

③ 슬픔: 아이고, 에구(어이구), 어이

④ 걱정: 하, 허

⑤ 한숨: 허, 허허, 하, 하하, 후, 후유

⑥ 놀램: 아, 아아, 아이고, 에구머니, 익기, 이크, 야아, 에따, 아이, 저런,
불이야, 도둑이야, 와, 사람 살려, 앗차

⑦ 두려움: 이이, 우우, 에비, 에비야

⑧ 인정: 참, 정말, 아무렴, 그렇지, 암

⑨ 지움: 웬걸, 어디, 천만에

⑩ 낙망: 어, 엉, 어뿔싸, 아뿔싸, 아차

⑪ 뜻같음: 이키, 이쿠, 애캐, 옳다, 옳지, 옳아, 얼싸, 얼씨구, 얼씨구나,
절씨구, 절씨구나

⑫ 즐거움: 만세, 좋다

⑬ 시원함: 에라, 야아

⑭ 놀림: 에뚜에, 아주, 얼싸, 어렵시오, 용용, 알랑총

⑮ 코웃음: 피, 푸, 후

⑯ 슬픔·감탄: 허, 허허, 에따

⑰ 깔봄: 애개, 애개개, 애따, 어릴

⑱ 불평: 에

⑲ 비방: 아따

---

5) 감탄사에 대하여는 최현배,『우리말본』, 정음문화사, 1983, 608~610쪽에 의거함
이 많음.

⑳ 가엾음: 아이차, 아이구, 저런, 하하, 아이야, 애개, 에그

㉑ 기림: 좋다, 잘 한다

㉒ 반김: 아아, 야아

㉓ 물리침: 에라

㉔ 아양: 아이이

㉕ 앓음: 아야, 아이구

㉖ 욕설: 이 새끼, 개새끼, 제기랄

㉗ 의아: 글쎄, 글쎄다, 그래

㉘ 승인: 그래, 그럼

㉙ 흥겨움: 닐리리야, 니나노, 니나노 날실로, 에헤이요, 에. 데헤이
  야, 에라났다, 지화자자 좋다, 에이요, 에에이야, 에어리ㅣㅣ, …

㉚ 불만: 아아, 아뿔싸, 에라 놓아라

㉛ 느낌: 야(는야), 으라차챠

㉜ 혼남: 에뜨거라

3.3. 의지적 감탄사

꾀임, 부름과 같은 의지의 앞머리를 들어내는 감탄사로서 다음과
같은 것이 있다.

① 단념: 에따, 앗아라, 그만둬
② 주의: 쉬, 수쉬, 쉿
③ 독려: 자, 위어, 버텨라
④ 꾀임: 자
⑤ 재촉: 응, 그래, 어서

⑥ 어름: 이놈, 요놈, 저놈, 그놈

⑦ 힘씀: 이여차, 어기여차, 이여싸, 영차, 어화어화 어화영차 어화, 어기

　　여라 궁굴레, …

⑧ 부름: 여보십시오, 여보시오, 여보, 여보게, 이봐, 얘, 임마

　　오래오래, 똘돌(돼지 부르는 소리)

　　구구(닭 부르는 소리)

　　워리(개 부르는 소리)

⑨ 대답(높임의 차례에 따라)

　　예, 응, 그래, 오냐,

　　아니올시다, 아닙니다, 아니요, 아니, 아니야

　　왜요, 왜, 뭐

　　글쎄올시다, 글쎄요, 글쎄

⑩ 시킴: 열중 쉬어, 차렷, 경례, 쉬엇, …

　　왕(말에 대하여)

　　워(소에 대하여)

⑪ 인사: 안녕

⑫ 축배: 건배, 지화자

⑬ 기침: 에헴, 어험, 애햄

⑭ 약 올림: 용용

3.4. 말버릇 감탄사

아무 느낌이나 생각 없이 단순히 입버릇으로 말에 섞어 내는 것
이 있다.

머,   말이지, 말이야

3.5. 말더듬 감탄사

말이 빨리 나오지 아니 할 때 말을 더듬   아무 뜻 없는
소리로 내는 것으로 다음과 같은 말이 있ㄴ

이, 에, 저, 음, 거시기

---

6) 정인승, 『표준고등말본』, 신구문화사, 1956, 159~160쪽 참조.

제**2**장
새국어사전에서 조사한 대명사

이는 그 가리키는 대상에 따라 인칭대명사와 지시대명사의 두 가지로 가른다. 인칭대명사란 사람을 가리키는 데만 쓰이는 대명사이므로, '나, 너, 그대, 이분, 이이, 그분, 그이, …' 등과 같은 말들이요, 지시대명사는 사람 이외의 사물은 물론, 곳, 쪽, 때를 나타내는 대명사를 말한다.

예를 들면, '이것, 그것, 저것, 여기, 거기, 저기, 이리, 그리, 저리, 이때, 그때, 접때' 등이 그것이다. 그런데 인칭대명사에 대하여 주의할 것은 영어의 인칭대명사와 다르다는 점이다. 왜냐하면, 일인칭과 이인칭의 대명사는 다같이 사람을 나타내는 점이 같으나 삼인칭의 대명사, 'he, she, it'는 사람은 물론 사물까지도 나타내기 때문이다.

1. 인칭대명사

이는 그 인칭을 따라서 일인칭, 이인칭, 삼인칭, 재귀칭의 네 가지로 가른다.

1.1. 일인칭 인칭대명사

일인칭 인칭대명사는 주격과(문장에 따라 목적격, 여격 등도 됨. 이하 같음) 관형격을 나타내는 형태적 구별이 있고 또 단수, 부수의 구별 및 높임의 등분이 있다.

격	주격				관형격	
대우의등분	극비칭	보통비칭	보통존칭	극존칭	극비칭	보통비칭
단수	저, 제	나, 내, 여, 짐(朕)			제	내
복수	저희	우리, 우리네				

1.1.1. 일인칭 대명사의 대우법

1.1.1.1. 주격 단수의 극비칭 대명사

빈도(貧徒): 중이나 도사가 자기를 겸손하게 일컫는 말.

빈승(貧僧): ＝빈도. (극비칭)

비인(鄙人): 촌사람. 대명사로는 저. (극비칭)

시생(侍生): 웃어른께 대하여 자기를 일컫는 말. (극비칭)

애손(哀孫): 할머니의 상중에 있는 손자가 자기를 일컫는 말 (극비칭)

유자(猶子): 편지에서 조카가 나이 많은 작은아버지에게 자기를 일컫는
　　말. (극비칭)

전: "저는"이 준말. (극비칭)

저: ① "나"의 단수 극비칭 "가" 조사가 붙으면 "제"로 된다. ② "자기"의
　　낮춤말. 주격조사 "가"가 오면 "재"가 된다.

제: ① "나"의 낮춤말인 "저"의 바뀜말. 주격조사 "가" 앞에서 쓰인다.
　　② 자기의 낮춤말인 "저"의 바뀜말. 주격조사 "가" 앞에 쓰인다.

고자(孤子): 아버지가 죽고 어머니만 있는 상중에 있는 사람이 자기를 일컫
　　는 말. (극비칭)

소생(小生): 윗사람에 대하여 스스로 "자기"를 겸손하게 일컫는 말. (극비
　　칭) ⑪하생.

소첩(小妾): 여편네가 "자기"를 극히 낮추어 일컫는 말. (극비칭)

인질(姻姪): 고모부에 대하여 "자기"를 일컫는 말. (극비칭) ⑪고장. 부질.

졸처(拙妻): 아내가 남편에게 대하여 "자기 스스로"를 낮추어서 일컫는
　　말. (극비칭)

천신(賤臣): 임금께 대하여 신하가 제 몸을 낮추어 일컫는 말. (극비칭)

천첩(賤妾): 부인이 남편에게 자기를 낮추어 일컫는 말.

한생(寒生): 자기를 겸손하게 일컫는 말.

1.1.1.2. 주격 단수의 보통비칭 대명사

나: 평교간이나 아랫사람인 상대방에게 말하는 이가 스스로를 가리켜 일컫
　　는 말.

여(予/余): =나.

짐(朕): 천자가 스스로를 일컫는 말.

소생(小生): 정승들 사이에 서로 "자기"를 겸손하게 일컫는 말. (보통비칭)
　　ⓑ하생(下生).

인말(姻末): 편지에서 이질 또는 처질에게 자기를 일컫는 말.

오인(吾人): ＝나.

제(弟): 평교간 편지에서 "아우"의 뜻으로 자기를 낮추어 쓰는 말.

1.1.1.3. 단수 관형격의 극비칭 대명사

제: 자기의 극비칭인 관형격 "저의"의 준말.

1.1.1.4. 단수 관형격의 보통비칭 대명사

내: "나의"의 준말.

1.1.1.5. 복수 주격의 극비칭과 보통비칭 대명사

1.1.1.5.1. 복수 주격의 극비칭 대명사

저희: 우리의 극비칭. 때로는 "저희들"로 쓰이는 일이 있다.

1.1.1.5.2. 복수 주격의 보통비칭 대명사

아배(我輩): 우리네.

아등(我等): 우리들.

여등(余等): ＝우리들.

여배(余輩): 우리네.

오등(吾等): 우리들.

오배(吾輩): 우리의 무리.

오인(吾人): =우리.

이네: 이 무리의 사람.

우리: 말하는 사람이 자기편의 여러 사람을 일컫는 말. ㉰울. ㉯오인.

우리네: 우리의 무리. ㉯아배(我輩). 오배(吾輩).

우리들: 우리 여러 사람.

울: "우리"의 준말.

1.2. 이인칭 인칭대명사

격	주격				관형격			
대우법	극비칭	보통비칭	보통존칭	극존칭	극비칭	보통비칭	보통존칭	극존칭
단수	너 네	귀군 자네 그대	어른 당신	어르신	네	자네의	그대네 당신네	어르신네
복수	너희 너희들	그대들 자네들 귀군들	당신들	어르신들	너희 너희들	자네들의	그대네들 당신네들	어르신네들

※ 어르신네와 비슷한 말: 가존, 어르신, 영존, 존장, 춘당, 춘부, 춘부장, 춘장, 춘정.

1.2.1. 주격 단수의 극비칭 대명사

너: ① 바로 대하고 말하는 손아랫사람이나 친한 사람을 가리키는 말.

네: "너"의 변이형태. 주격조사 "가" 앞에 쓰인다.

여(汝): 너.

이년: ① "이 여자"를 욕으로 일컫는 말. ㉝요년. ③ "이 계집아이"를 귀엽

게 일컫는 말. ㈜요년.

요놈: "요 남자"를 욕으로 일컫는 말. ㈜이놈. ② "요 사내아이"를 귀엽게
일컫는 말. ㈜이놈.

요년: ① "요 여자"를 욕으로 일컫는 말. ㈜이년. ② "요 계집아이"를 귀엽
게 일컫는 말. ㈜이년.

1.2.2. 주격 단수의 보통비칭 대명사

자네: "하게" 할 자리에 상대자를 가리키며 일컫는 말. ㈜군(君).

여(汝): 자네.

군(君): 자네.

귀군(貴君): 그대.

그대: ① 벗 사이나 아랫사람을 점잖게 대접하여 일컫는 말. ② 주로 글에
서 대상을 친근하게 일컫는 말.

1.2.3. 주격 단수의 보통존칭 대명사

당신: ① 예사높임에 상대방을 가리키는 말. ③ 부부 사이에 서로 높이어
이르는 말.

이녁: 하오 할 사람을 마주 대하여 공경하는 뜻이 없이 그이를 좀 대접하여
일컫는 말.

동덕(同德): <천도> 천도 교인끼리 서로 높이어 부르는 말.

임자: ① 친한 사람끼리 "자네"라고 하기가 좀 거북할 때 부르는 말. ②
부부 사이에서 상대방을 가리키는 말.

어른: 남의 아버지를 조금 높여 이르는 말.

존형(尊兄): 같은 또래 사이에서 "상대방"을 높여 부르는 말.

1.2.4. 주격 단수의 극존칭 대명사

어르신: 어르신네.

어르신네: 남의 아버지의 높임말.

안전(案前): 하급 관리가 "관원"을 높이어 일컫는 말.

    (예) 어느 안전이라고 숨기려 하느냐?

옹(翁): 남자 노인에 대한 높임말.

1.2.5. 주격 복수의 극비칭 대명사

너희: 너의 복수.

너희들: 너희 여러 사람.

여등(汝等): 너희들.

여배(汝輩): 너희들.

1.2.6. 주격 복수의 보통비칭 대명사

자네들: "자네"의 복수. 또 "자네네"

군(君)들: 자네들.

그대들: "그대"의 복수.

귀군(貴君)들: "귀군"의 복수.

1.2.7. 주격 복수의 보통존칭 대명사

당신들: "당신"의 복수.

제씨(諸氏): 주로 누구누구라고 열거한 성명 또는 직업과 관련된 명사 아래
　　　　에 붙여 "여러분"의 뜻으로 쓰는 말.

제위(諸位): 여러분.

첨좌(僉座): "여러분 앞"의 뜻. 주로 편지의 앞에 쓰인다.

어른들: 여러 어른.

임자들: "임자"의 복수.

1.2.8. 주격 복수의 극존칭 대명사

어르신들: 여러 어르신네.

어르신네들: "어르신네"의 복수.

1.2.9. 단수 관형격의 대명사

국어의 관형격 인칭대명사에는 단수 극비칭에는 "네"가 있고 복
수에는 "너희"가 있으나 그 이외에는 인칭대명사에 관형격조사
"의"를 붙여서 사용하는 경우도 있고 붙이지 않고 쓰는 경우도 있
다. 그런 까닭에 단수와 복수의 보통비칭과 보통존칭, 극존칭에는
각각 그렇게 알아서 쓰면 된다.

1.3. 삼인칭 인칭대명사

이에는 주격과 관형격의 형태적 차이가 없고 다만 정칭인칭대명사와 부정칭인칭대명사의 둘로 나누어지는데 정칭대명사는 그 가리켜지는 자리의 멀고 가까움을 따라서 가까움, 떨어짐, 멀음의 세 가지로 나누는데 '가까움'은 말할이에 대하여 위치상 가까운 사람을 나타내고 '떨어짐'은 들을이에게 가까운 사람을 나타내며 '멀음'은 양자에서 다 먼 사람을 나타낸다.

셈 높임의 등분 구분		단수				복수			
		극비칭	보통비칭	보통존칭	극존칭	극비칭	보통비칭	보통존칭	극존칭
정칭	가까움	이애	이사람	이분 이이	당신	이애들	이사람들 이들	이분들 이이들	당신들
	떨어짐	그애	그사람	그분 그이	당신	그애들	그사람들 그들	그분들 그이들	당신들
	멀음	저애	저사람	저분 저이	당신	저애들	저사람들 저들	저분들 저이들	당신들
부정칭	모르거나 똑똑하지 아니함	누구 아무 뉘 누	어느사람 누구 아무	어느분 아무분 어떤분 어떤이	어느어른 아무어른 어떤어른	누구들 아무들	어느사람들 누구들 아무들	어느분들 아무분들 어떤분들 어떤이들	어느어른들 아무어른들 어떤어른들

※ 앞에서 말하였지만 삼인칭 인칭대명사에는 주격과 관형격의 형태적 구별이 없기 때문에 주격으로 쓰일 때는 주격조사를 그 뒤에 붙여 쓰면 되고, 관형격으로 쓰일 때는 그 뒤에 '의'를 붙이면 된다.

여기서는 위 표에 없는 대명사들을 예시하고 설명하기로 하겠다.

1.3.1. 극비칭 대명사

1.3.1.1. 여자의 극비칭 대명사

저년: "저 여자"를 욕으로 일컫는 말. ㉐조년.

조년: "조 여자"를 욕으로 일컫는 말. ㉑저년.

1.3.1.2. 남자의 극비칭 대명사

저놈: "저 남자"를 욕으로 일컫는 말. ㉐조놈.

조놈: "조 남자"를 욕으로 일컫는 말. ㉑저놈.

그자(者): 그 사람의 낮은 말.

너: 이인칭 대명사이나 삼인칭으로 쓰이는 일이 있다. 즉 "바로 대하고
　　　말하는 사람 이외의 대상.

　　　(예) 너 나 할 것 없이 모두가 똑 같다.

이것: "이사람"의 낮은 말.

1.3.2. 삼인칭의 극비칭 대명사

이것: "이 아이"를 다정하게 일컫는 말.

저년: "저 계집아이"를 귀엽게 일컫는 말. ㉐조년.

조년: "조 계집아이"를 귀엽게 일컫는 말. ㉑저년.

저놈: "저 사내아이"를 귀엽게 일컫는 말. ㉐조놈.

조놈: "조 사내아이"를 귀엽게 일컫는 말. ㉑저놈.

천솔(賤率): ① 남에게 자기의 첩(妾)을 낮추어 일컫는 말.

② 남에게 자기 가족을 낮추어 일컫는 말.

천식(賤息): 자기 자식을 남에게 대하여 낮추어 일컫는 말.

궐자(厥者): "그 사람" 또는 "그 자"라는 뜻. ㉥궐.

그것: ① "그 사람"을 낮잡는 말. ② "그 아이"를 다정하게 일컫는 말.
㉥그거.

남: 자기에 맞서는 사람을 두루 가리키는 말.

걔: "그 아이"의 준말.

걘: "그 아이는"의 준말.

걜: "그 아이를"의 준말.

얘: "이 아이"의 준말.

쟤: "저 아이"의 준말.

쟨: "저 아이는"의 준말.

쟬: "저 아이를"의 준말.

우식(愚息): "어리석은 자식"이라는 뜻으로 자기 아들을 겸손하게 이르는
말.

우처(愚妻): 자기 처의 낮춤말.

1.3.3. 삼인칭의 보통존칭 대명사

이: "이이"의 준말.

저: "저이"의 준말.

중형(仲兄): 자기의 둘째 형님. ㉾중씨.

종백(從伯): 남에게 대하여 자기 삼촌의 맏형을 일컫는 말. ㉾종백씨.

종중씨(從仲氏): 남에게 대하여 자기의, 또는 그이의 사촌 둘째 형을 일컫
는 말.

중씨(仲氏): ① 남의 둘째 형을 높여서 일컫는   형.

1.3.4. 삼인칭의 극존칭 대명사

여기서는 다음 하나만을 설명하기로 한다.

당신: 이야기 되는 제3자를 높이어 가리키는 말.

   (예) 부처님 당신께서….

1.3.5. 삼인칭의 부정칭(不定稱) 대명사

모(某): =아무.

아무: 누구라고 지정하지 아니 하고 막연히 가리키는 말.

아무개: "아무"를 낮게 이르는 말.

아무아무: 누구들이라고 둘러대지 않고 가리키는 말.

누구: 알지 못할 의문의 사람. 또는 이름을 꼭 집어 말할 수 없는 어떤

   사람을 가리키는 말.

누: "누구"의 변이 형태. 주격조사 "가"와 목적격조사 "ㄹ"과 함께 쓰인다.

   (예) 눌 기다리나?

누구누구: ① 꼭 집어 말할 수 없는 모르는 사람들을 모두 가리키는 말.

     ② "누구"를 강조하는 말.

뉘: "누구의"가 줄어든 말.

1.4. 재귀칭의 인칭대명사

재귀칭의 인칭대명사를 외솔 선생은 통칭이라 하였으나(우리말본, 237쪽), 지은이는 위와 같이 부르기로 한다. 이를 복수로 하려면 그 뒤에 '-들'을 붙이면 된다.

대우의등분 대명사	극비칭	보통비칭	보통존칭	극존칭
재귀칭	저, 남, 자기, 자신, 자기자신	자기, 자기자신, 자신	당신

민(民): =화민. 전날 조상의 산소가 있는 제 고장의 원에 대하여 "자기"를 일컫는 말.

저: "자기"의 낮춤말. "가" 조사가 오면 "제"가 된다.

제: "자기"의 낮춤말인 "저"의 바뀜말. 주격조사 "가" 앞에 쓰인다.

제: "자기"의 낮춤말.

2. 사물대명사

2.1. 사물대명사의 갈래와 부정칭 사물대명사

사물대명사는 그 가리키는 대상에 따라 일몬(사물), 곳, 쪽, 때의 네 가지로 가른다. 사물대명사는 높임의 등분이 없이 삼인칭과 통칭의 둘이 있는데, 삼인칭에는 정칭과 부정칭의 두 가지가 있으며 정칭에는 가까움, 떨어짐, 멀음의 세 가지가 있다. 이것을 표로 나타내면 다음과 같다.

가리킴\갈래			일몬	곳	쪽	때
삼인칭	정칭	가까움	이것(-들), 이	여기	이리	이때
		떨어짐	그것(-들), 그	거기	그리	그때
		멂	저것(-들), 저	저기	저리	접때
	부정칭		무엇(부지) 어느것(불명) 아무것(불택) 어떤 것(부정)	어데(어디)(부지) 아무데(불택) 어떤데(부정)	어느쪽(불명) 아무쪽(불택) 어떤쪽(부정)	언제(부지) 어떤때(부정) 아무때(불택) 어느때(불명)
통칭			그것, 다른것	거기, 다른데		다른때

2.2. 사물대명사의 작은말

사물대명사 중 사물의 '이것, 그것, 저것'과 곳의 '여기, 거기, 저기' 쪽의 '이리, 그리, 저리' 때의 '이때, 그때, 접때' 등은 작은말이 있음이 부정칭 사물대명사와 다르다. 이들을 표로 보이면 다음과 같다.

가리킴\갈래		일몬		곳		쪽		때	
구분		큰말	작은말	큰말	작은말	큰말	작은말	큰말	작은말
정칭	가까움	이것	요것	여기	요기	이리	요리	이때	요때
	떨어짐	그것	고것	거기	고기	그리	고리	그때	고때
	멀 음	저것	조것	저기	조기	저리	조리	접때	조때

사물대명사도 위 표에 없는 것만 여기서 다루기로 한다.

2.2.1. 일몬(사물)을 가리키는 사물대명사

아무것: 그 어떤 것(불택).

어느것: 어느 물건.

요것: "이것"을 얕잡거나 귀엽게 또는 축소하여 일컫는 말. ㉜요거.

이것저것: 이것과 저것.

이것: ① 말하는 이에게 가까이 있는 사물을 가리키는 말. ② 바로 전에 말하였거나 알면서 사물을 가리키는 말.

요거: "요것"의 준말.

이거: "이것"의 준말.

고것: "그것"을 얕잡거나 귀엽게 또는 축소하여 일컫는 말.

저건: "저것은"의 준말.

저걸: "저것을"의 준말.

저걸로: "저것으로"가 줄어든 말.

차(此): 이 또는 이것.

2.2.2. 장소를 가리키는 사물대명사

거시키＝거시기: 말하고자 하는 사물의 이름이 얼른 떠오르지 않거나 바로 말하기가 거북스러울 때 그 대신으로 일컫는 말.

어디: ① 꼭 정하지 아니 하였거나 모르는 곳. ② 밝혀서 말할 필요가 없는 곳. ③ 무엇이라 말하기 어려운 어떤 점. ④ 어떤 수량이 대단할 때 쓰는 말. ⑤ 부사로 쓰이어 반문함이나 부인함을 강조하는 말. ⑥ 남의 주의를 끄는 말. ⑦ "어딜"로 쓰이어 금하는 뜻을 나타냄.

여: "여기"의 준말.

이곳. ㉐여. 예.

거: "거기"의 준말.

저: "저기"의 준말.

저기: 저곳. ㉐저. 제.

당처(當處): 이곳.

거기: ① 그곳. ㉐거. 게. ② 이미 말한 대상을 "그것" 또는 "그점"의 뜻으로
가리키는 말.

거: "거기"의 준말.

게: "거기"의 준말.

고기: "거기"를 범위를 좁혀서 이르는 말.

2.3. 부정칭 사물대명사

부정칭 사물대명사는 '무슨, 어느, 아무, 어떤'의 뜻에 따라 그것
이 분명하여 지는데 이들을 알아보면 다음과 같다.

   (1) ㄱ. 무슨: 모르는 일이나 물건을 나타냄.

      ㄴ. 어느: 여럿 가운데 막연하며 어떤, 확실히 모름을 나타냄.

      ㄷ. 아무: 꼭 지정하지 아니 하고, 감추거나 가정하여 일컬음.

      ㄹ. 어떤: 꼭 집어내어 말하기 막연함.

(1)은 '새한글사전'에 의한 것인데, 이에 따르면 부정칭 사물대명
사의 뜻은 다음과 같이 구별된다.

   (2) ㄱ. 모름(부지)

㉮ 무엇　　　㉯ 어디　　㉰ 언제

ㄴ. 선택이 똑똑하지 아니함

　　　㉮ 어느것　　　㉯ 어느쪽　　㉰ 어느때

ㄷ. 가리지 않음(불택)

　　　㉮ 아무것　　　㉯ 아무데　　㉰ 아무쪽　　㉳ 아무 때

ㄹ. 정하지 못함(부정)

　　　㉮ 어떤 것　　　㉯ 어떤데　　㉰ 어떤쪽　　㉳ 어떤때

2.4. 사물대명사의 수

사물, 곳, 쪽, 때의 사물대명사는 복수를 나타낸다.

(3)　　ㄱ. ㉮ 이것들을 가지고 가시오.

　　　　㉯ ?이들을 가지고 가시오.

　　ㄴ. ㉮ 그것들을 가지고 가자.

　　　　㉯ *그들은 좋은 연장이다.

　　ㄷ. ㉮ 저것들을 여기에 버려 두자.

　　　　㉯ ?저들은 이 공사에 쓰이는 연장들이다.

　　ㄹ. ㉮ 무엇들 하느냐?　　　㉯ 언제들 오시오?

　　ㅁ. ㉮ 여기들 계셔요.　　　㉯ 거기들 노세요.

　　　　㉰ 다 저기들 있다.　　　㉳ 어데들 가시오.

　　ㅂ. ㉮ 이리들 오시오.　　　㉯ 그리들 가시오.

　　　　㉰ 저리들 가시오.

(3ㄱ~ㅂ)에서 보아 알 수 있듯이 정칭은 다 복수가 되지마는 부정

칭은 '무엇', '어데(어디)', '언제'에 한하여 복수가 될 수 있음을 알
수 있다.

3. 인칭대명사의 쓰임

지금까지의 문법에서는 인칭대명사의 쓰이는 경우에 대하여 설
명해 놓은 책이 하나도 없었기 때문에 문법을 공부하여도 말을 제
대로 할 줄을 몰랐다. 그러므로 여기서는 인칭대명사의 용법을 상
세히 밝힘으로써 올바른 말법을 구사할 수 있도록 하고자 한다.

3.1. 일인칭 대명사의 쓰임

3.1.1. '나'의 쓰임

'나'는 노소를 가리지 아니 하고 친구 사이에 쓸 수 있다. 이때
'나'의 등급은 보통비칭이다.

> (4) ㄱ. 자네가 미국 간 줄 알았네.
> ㄴ. 나는 학교에 간다.

'나'는 집안의 어른이 그 아랫사람에 대하여 자기를 말할 때 쓴다.

> (5) ㄱ. 나는 오늘 서울 다녀 오마.
> ㄴ. 나는 김선생을 만나러 가겠다.

집안의 아랫사람은 '아들, 딸, 며느리, 조카, 질녀, 질부, 종질, 종질녀, 종질부, 손자, 손녀, 손부, 증손, 종손녀, 종손부, …'들을 말한다.

남자의 경우, 나이가 많더라도, 고종의 며느리와 외사촌의 며느리를 보고 '나'를 쓰되 서술어는 삼가말로 해야 하고, 부인의 경우, 질서를 보고 '나'를 쓰되 서술어는 삼가말로 해야 한다.

(6) ㄱ. 나는 서울 다녀왔습니다. 그 동안 어른 모시고 잘 계셨습니까?
　　　(고종의 며느리에게, 외사촌의 며느리에게)
　　ㄴ. 나는 서울서 어제 왔습니다. 잘 계셨어요?
　　　(부인이 질서에게)

면복친당(9촌 이상)의 부인, 외사촌의 손부, 고종의 손부, 처남의 며느리, 처남의 손부, 처제, 처질녀, 처질녀의 며느리에게는 '나'를 쓰되 서술어는 삼가말을 써야 한다.

(7) ㄱ. 할아버님, 언제 오셨습니까? (면복친당의 35세 부인)
　　ㄴ. 예, 나는 어제 왔습니다. (75세의 할아버지)

(8) ㄱ. 고모부님, 언제 오셨습니까?
　　ㄴ. 나는 오늘 왔습니다. (처질부, 처질녀에게)

시아버지의 외사촌형이 고종아우의 며느리에 대하여 '나'를 쓸 수 있다.

(9) ㄱ. 외아주버님, 몇 시 차로 오셨습니까?

ㄴ. 나는 9시 차로 왔습니다.

시아버지의 고종형이 외사촌 아우의 며느리에 대하여 '나'를 쓸
수 있다.

(10) ㄱ. 아주버님, 언제 오셨습니까?

ㄴ. 나는 어제 왔습니다.

시동생이 형수에 대하여 '나'를 쓸 수 있다.

(11) ㄱ. 아주버님, 언제 오셨어요?

ㄴ. 나는 어제 왔습니다.

주격의 '내'도 '나'와 그 쓰임은 동일하기 때문에 별도로 그 쓰임
을 밝히지 아니 하기로 한다.

3.1.2. 관형격 '내'의 쓰임

'내'는 부당 사람말1) 앞에 쓰인다.

이는 들을이가 말할이보다 하급 사람일 경우에 한한다. 그러나
들을이가 말할이와 동급일 경우에는 '내' 대신 '우리'를 써야 한다.

---

1) 부당 사람은 '아들, 딸, 며느리, 조카, 질녀, 질부, 종질, 종질녀, 종질부, 재종질,
   재종질녀, 재종질부, 삼종질, 삼종질녀, 사종질부, 손자, 손녀, 손부, 종손자, 종손
   녀, 종손부, 재종손, 재종손녀, 재종손부' 등을 말한다.

(12) 내 아들, 내 며느리, 내 질녀, 내 질부, 내 종질, 내 종질녀, 내 종질부, 내 손자, 내 종손, … 또는 우리 아들, 우리 질부, 우리 며느리, …

들을이가 말할이보다 하급 사람이라 할지라도 친당 사람말[2] 앞에는 '내'는 쓸 수 없다.

(13) *내 할아버지, *내 아버지, *내 맏아버지, *내 형, *내 제수, *내 오라버니, *내 동생댁, …

또, 척당사람말 앞에도 '내'라는 말을 써서는 안 된다.

(14) *내 외손자, *내 생질부, *내 사위, …

(13), (14)와 같은 경우에 '내'를 쓰게 되면 불손한 말이 되기 때문에 '내' 대신에 '우리'를 사용하여 '우리 할아버지, 우리 외손자, 우리 아버지, 우리 생질부, 우리 사위, …'식으로 말하여야 한다.
손위 어른이 집안의 아랫사람에게 대하여는 물론 '내'를 쓸 수 있다.

(15) ㄱ. 이것이 내 만년필이다.
　　　ㄴ. 내 차는 이것이다.

---

2) '친당 사람'이란 남자 형제와 그의 아내, 나와 누이로부터 아버지 계열 사람들과 어머니, 할머니를 모두 포함하여 일컫는다(여증동,『한국가정언어』, 시사문화사, 1991, 35~36쪽에 의거함).

나이 많은 사람이 젊은 사람에 대하여서나 기관장이 부하 직원에 대하여는 물론 선배가 후배에 대하여 '내'를 쓸 수 있다.

(16) ㄱ. 내 책은 아주 좋은 책이네.

ㄴ. 김 아씨, 내 도장 못 보았어요?

ㄷ. 내 차를 자네가 좀 이용하게.

처질부, 고종의 며느리, 외사촌의 며느리에게 대하여는 '내'를 쓸 수 있다.

(17) ㄱ. ㉮ 이것이 고모부님 책입니까? (처질부)

㉯ 예, 내 책입니다. (고모부)

ㄴ. ㉮ 이것이 아주버님 책입니까? (외사촌 며느리)

㉯ 예, 내 책입니다. (시아버지 고종)

ㄷ. ㉮ 이것이 아주버님 책입니까? (고종 며느리)

㉯ 예, 내 책입니다. (시아버지 외사촌)

처제에 대하여도 '내'를 쓸 수 있다.

(18) ㄱ. 이것이 형부 책입니까? (처제)

ㄴ. 예, 내 책입니다. (형부)

'내'의 쓰임은 '나'의 경우와 같다. 따라서 '내'에서 제시하지 못했던 것은 '나'의 쓰임을 참고하여 원용하면 될 것이다.

3.1.3. '우리'의 쓰임

'나'의 복수를 나타낼 때 쓰인다.

(19) ㄱ. 우리들은 학교에서 기술을 배웠다.

ㄴ. 우리는 대한민국의 아들딸, 죽음으로써 나라를 지키자.

'우리'는 말할이의 집단을 나타낼 때 쓰임은 (19ㄱ~ㄴ)으로써 알 수 있다.

말할이와 들을이가 동급 사람일 경우에는 본당 사람들 앞에 '내'를 쓰지 말고 '우리'를 써야 한다.

(20) 우리 아들, 우리 딸, 우리 며느리, 우리 조카, 우리 질부, 우리 손자,

…

들을이가 말할이보다 하급 사람일지라도 친당 사람말 앞이나, 척당 사람말 앞은 물론 췌객 사람말 앞에는 '우리'를 써야 한다.

(21) 우리 아버지, 우리 어머니, 우리 맏아버지, 우리 제수, 우리 외손자,

우리 생질, 우리 사위, …

3.1.4. '저/제'의 쓰임

어른이나 기관장 및 스승에 대하여 말할 때는 '저/제'를 쓴다.

(22) ㄱ. ㉮ 이것이 누구의 책이냐?

　　　 ㉯ 예, 저의(제) 책입니다.

　　ㄴ. ㉮ 이것이 너의 것이냐?

　　　 ㉯ 예, 제 것입니다.

들을이가 말할이보다 상급 사람일 경우에는 본당 사람말 앞에는 '제'를 쓴다.

(23) 저의 아들, 저의 딸, 저의 며느리, 저의 조카, 저의 질녀, 저의 손자,

　　…

집안의 어른들에 대하여 자신을 '저/제'라고 한다.

(24) ㄱ. 할아버지, 제가 이것을 처리하겠습니다.

　　ㄴ. 아버님, 제가 이 책을 사 가지고 오겠습니다.

　　ㄷ. 맏아버님, 이 책을 제가 가져 왔습니다.

손아래 동서가 손위 동서에게 '제'를 쓴다.

(25) ㄱ. 형님, 제가 시장에 갔다 올까요?

　　ㄴ. 형님, 제가 장 보러 가면 어떻소?

외숙부모, 고모부, 이모부, 고모, 이모에게는 '제'를 쓴다.

(26) ㄱ. 외아저씨, 제가 이것을 가지고 가겠습니다.

ㄴ. 고모님, 제가 태워 드리겠습니다.

ㄷ. 이모님, 제가 이것을 가지고 가겠습니다.

장인, 장모, 처백부, 처숙부, 처백모, 처숙모에 대하여는 '제'를 쓴다.

(27) ㄱ. 장인어른, 제가 모시겠습니다.

ㄴ. 처삼촌, 제가 이것을 가져 왔습니다.

ㄷ. 처백모님, 제가 어제 왔습니다.

처남의 댁은 시누 남편에게 '제'를 쓴다.

(28) 박 사방 오십니까? 저의 어머님은 서울 가셨습니다.

처외조부와 처외조모에게는 '제'를 쓴다.

(29) ㄱ. 처외조부님, 제가 이것을 가져 가도 되겠습니까?

ㄴ. 처외조모님, 제가 내일 가겠습니다.

사장어른에 대하여는 '제'를 써야 하고 사돈끼리도 '제'를 써야 한다.

(30) ㄱ. 사장어른, 제가 왔습니다.

ㄴ. 사돈 제가 실수하더라도 이해하십시오.

3.2. 이인칭 대명사의 쓰임3)

3.2.1. '당신'의 쓰임

가. 별로 좋지 않은 뜻으로 상대방을 예사 높여서 가리킨다.

(31) ㄱ. 당신이 나에게 주었지 않소?

ㄴ. 당신은 이것을 가지시오.

나. 예사로 높여서 상대를 가리킨다.

(32) ㄱ. 당신은 누구시오?

ㄴ. 당신은 언제 왔어요?

(32ㄱ~ㄴ)의 '당신'은 예사로 높인 말이다. 혹 성경에서는 하나님을 '당신'이라 하여 쓰는 일이 있으나, 이는 특수한 용법으로 우리의 일상 말살이에서는 잘 쓰지 않는다.

그런데 오늘날 부부 사이는 물론, 친한 친구 사이에서도 흔히 쓰는 일이 있으나 부부 사이에는 본래 호칭법이 없으나 지방에 따라 '임자'(아내에게), '자네'(아내에게)를 쓰는 일이 있다.

---

3) 최현배, 『우리말본』, 정음문화사, 1983, 235쪽에 의거할 것임.

3.2.2. '그대'의 쓰임

이 대명사는 그리 많이 쓰이지 않는데 친근하게 말할 때 쓰인다. 예를 몇 들어 보면 다음과 같다.

애인에 대하여 쓰는 일이 있다.

  (33) ㄱ. 그대에게 드립니다. 받아 주소서.

        ㄴ. 그대 모습 보고 싶어 잠 못 이뤄 합니다.

손위 어른이 아래 사람에게 쓰는 일이 있다. 개화기에는 애인에게 쓰는 일이 있었다.

  (34) ㄱ. 그대들이 이 나라를 짊어지고 가야 한다.

        ㄴ. 이 나라를 건설하는 것은 그대들의 임무이다.

        ㄷ. 그대에게 드립니다. 받아 주소서.

'그대'는 '당신'과 같이 친근하게 쓰이기는 하나 '당신'이라고 하기가 좀 어색할 때 쓰는 것 같다.

3.2.3. '자네'의 쓰임[4]

'자네'의 쓰임은 그 범위가 넓은데, 거의 모든 경우에 쓰인다. 형이 아우에게, 손위 동서가 손아래 동서에게, 시누나가 손아래

---

4) 이에 대하여는 여증동, 『한국가정언어』(1991)에 의지할 것임을 밝혀 둔다.

올케에게, 올케가 손아래 시누이에게 '자네'를 쓴다.

(35) ㄱ. ㉮ 형님, 오늘은 무슨 일을 하시겠소.

　　　㉯ 자네는 집에 있게, 나만 밭을 매겠네.

　　ㄴ. ㉮ 형님, 시장 갔다 올게요. (손아래 동서가)

　　　㉯ 자네, 시장 가면 빨래비누 몇 장 사다 주게. (손위 동서가

　　　　손아래 동서에게)

　　ㄷ. ㉮ 자네, 잘 있었나? (시누나가→손아래 올케에게)

　　　㉯ 자네, 별고 없었는가? (올케가→손아래 시누에게)

장인, 장모, 처삼촌, 처숙모가 사위, 질서에게 '자네'를 쓴다.

(36) ㄱ. 자네, 잘 있었는가? (장인→사위)

　　ㄴ. 김 서방, 자네 왔는가? (처삼촌→질서)

　　ㄷ. 자네, 별고 없었는가? (장모→사위)

처남이 매부에 대하여는 물론, 처가 쪽의 남자들은 그 췌객에 대하여 '자네'를 쓴다.

(37) ㄱ. 자네는 그간 별고 없었나? (처남)

　　ㄴ. 박 서방, 자네 잘 있었나? (처가 쪽 남자가)

타성의 어른이 손아래 사람에게 '자네'를 쓴다.

(38) ㄱ. 자네, 어디 갔다 오는가?

ㄴ. 자네 농사는 참 잘 되었네.

남편이 부인에 대하여 '자네'를 쓴다.

(39) 자네는 내일 친정에 다녀 오지.

시삼촌이 질부에 대하여, 외삼촌이 생질부에 대하여 '자네'를 쓴다.

(40) ㄱ. 자네는 어디 갔다 왔나? (시삼촌이)
　　　ㄴ. 자네 잘 있었는가? (시외삼촌이)

종제, 재종제, 삼종제, 족제(10, 12, 14촌, …)에게 '자네'를 쓴다.
고종, 종고종, 외사촌, 외육촌, 이종에게 '자네'를 쓴다.
시사촌댁, 시육촌댁, 시팔촌댁에게 '자네'를 쓴다.
종동서, 재종동서, 삼종동서에게 '자네'를 쓴다.
시고종댁, 시종고종댁, 시외사촌댁, 시외육촌댁, 시이종댁에게
'자네'를 쓴다.

위에 제시한 이외에도 '자네'를 써야 할 경우가 있을 것이나, 조부
모, 부모, 숙부모, 처조부모는 자기 자녀, 조카, 질녀, 손서를 보고
'자네'라는 말은 쓰지 아니 한다.

3.2.4. '너'의 쓰임

아이들이 친구끼리 서로 '너'를 쓴다.

(41) ㄱ. 너는 학교 안 가니?

ㄴ. 나는 너와 같이 공부하고 싶어.

집안의 어른들이 손자, 손녀, 아들, 딸, 조카, 질녀, 생질, 기타 집안의 젊은이에게 '너'를 쓴다.

(42) ㄱ. 철수야, 너는 학교 가지 않느냐? (할아버지가)

ㄴ. 길동아, 너는 언제 서울 가지? (둘째아버지가)

선생이 초, 중, 고등학교 학생에게 '너'를 쓴다. 그러나 대학생에 대하여 교수가 '너'를 쓸 수 없고 '자네'를 써야 한다.

(43) ㄱ. 너는 왜 숙제를 하지 아니 하였지? (선생이)

ㄴ. 자네 언제 서울 갔다 왔지? (교수가)

타성의 어른이라도 어린이(초, 중, 고등학생 정도)에 대하여는 '너'를 쓸 수 있다.

(44) ㄱ. 너는 어디 갔더냐? (타성 어른이)

ㄴ. 나는 네가 제일 착하다는 말을 들었다. (타성 어른이)

3.3. 삼인칭 대명사의 쓰임

3.3.1. '당신'의 쓰임

삼인칭에 쓰이는 '당신'은 극존칭에 쓰인다.

(45) ㄱ. 우리가 가면, 당신들께서도 오시겠지.
　　 ㄴ. 석가모니, 당신께서 크게 깨달으셨다.

3.3.2. '이이/이분, 그이/그분, 저이/저분'의 쓰임

이들은 같은 보통존칭이나 '이분, 그분, 저분'이 '이이, 그이, 저이' 보다는 더 높여 말하는 셈이 된다.

3.4. 재귀대명사의 대용 표현

재귀대명사는 어느 인칭 할 것 없이 앞에 한 번 말한 사람을 다시 돌이켜 가리키는 대명사를 말하는데, '저, 남, 자기, 자신, 자기자신, 당신' 등이 있다. 그 쓰임은 다음과 같다.

3.4.1. '저'의 쓰임5)

'저'에는 세 가지가 있는데 첫째는, 일인칭의 '저我'이요, 둘째는

---

5) '저'는 짐승에 대하여도 쓰이는 일이 있으나 극히 제한되어 쓰인다.
　예 이 개는 제 주인을 잘 따른다.

삼인칭의 '저彼'이며 셋째는 통칭의 '저自己, 自身'이다. 재귀대명사의 근본은 삼인칭의 '저'인데 말할이가 스스로를 낮추어 말할 적에는 그것으로 일인칭으로 삼아서 재귀칭의 뜻으로 쓰게 된다.[6]

(46) ㄱ. 나도 제 허물을 압니다.

ㄴ. 너도 제 이익만 생각지 말라.

ㄷ. 철수도 제 속은 따로 있다.

(46ㄱ)의 '제'는 '나의'를 나타내고 (46ㄴ)의 '제'는 '너의'를 나타내며 (46ㄷ)의 '제'는 '철수의'를 나타낸다. (46ㄱ~ㄷ)에서 보면 '저'는 재귀대명사로 쓰일 때는 '제'로 쓰인다.

3.4.2. '남'의 쓰임

(47) ㄱ. 네(그)가 왜 남(나)의 것을 가져 가느냐?

ㄴ. 그이가 왜 남(너)의 옷을 입느냐?

ㄷ. 내가 왜 남(저 사람)의 것을 가지려고 하겠느냐?

3.4.3. '자기, 자신, 자기자신'의 쓰임

3.4.3.1. '자기'와 '자신'의 차이점

가) '자신'은 가리킴(인칭)에 관계없이 대명사 바로 다음에 쓰일

---

6) 최현배, 『우리말본』, 정음문화사, 1983, 235쪽에 의거함.

수 있으나 '자기'는 일인칭, 이인칭에는 쓰이지 못한다.

(48) ㄱ. 너(나, 그)도 자신의 일을 잘 알고 있다.

　　 ㄴ. *너(나)는 자기의 일을 잘 알고 있다.

　　 ㄷ. 그는 자기의 일을 잘 알고 있다.

나) '자신'은 사람단수명사 바로 다음에 쓰일 수 있으나 '자기'는 그렇지 못하다. 이때 단수명사 뒤에 조사가 쓰일 수도 있고 그렇지 않을 수도 있다.

(49) ㄱ. 영수는 철수가 {자신, *자기}이/가 일하게 하였다.

　　 ㄴ. 철수는 영미 {자신, *자기}에게 책을 주었지?

(49ㄱ~ㄴ)에서 보듯이 '자신' 앞에 사람단수명사가 거듭 쓰일 수 있는데, 앞의 '철수'에는 조사가 쓰이기도 하고 안 쓰이기도 하며, 뒤의 영미에는 조사가 쓰이지 아니 하였음을 보이고 있다.

3.4.3.2. '자기', '자신', '자기자신'의 쓰임

이들의 쓰임이 제일 문제가 되는 경우는 내포문에 쓰일 때이다. 왜냐하면, '그 선행사를 어느 것으로 보아야 하는가?' 하는 문제가 있기 때문이다. 따라서 여기서는 내포문에서의 이들의 쓰임을 주로 다루기로 하겠다.

가) 내포문에서 '자기', '자신'이 그 바로 뒤에 조사 '은/는', '이/가'

를 취하면 그 선행사는 '자기/자신' 바로 앞의 단수명사가 되며 '자기자신'은 그 의미상 그 바로 앞의 인칭 단수명사가 선행사가 된다.

(50) ㄱ. 철수는 영희가 {자기는, 자신은} 잘난 것으로 {알고 있더라고, 알고 뽐내더라고} 말하였다.

ㄴ. 철수가 영희는 {자기가, 자신이} 착한 사람으로 알고 있더라고 들었다.

ㄷ. 철수가 영희는 {자기가, 자신이} 능력이 있는 것으로 알더라고 들었다.

ㄹ. 철수가 영희는 자기자신이 착한 사람이라고 알고 있더라고 하였다.

나) 내포문에서 '자기, 자신, 자기자신' 뒤에 목적격조사가 오면 '자기'는 두 가지 뜻으로 이해되어 애매하나, 나머지 둘은 그렇지 아니 하다. 그 의미 때문이다.

(51) ㄱ. 철수는 영희가 자기를 사랑한다고 믿고 있다.

ㄴ. 철수는 영희가 자신을 사랑하다고 믿고 있다.

ㄷ. 철수는 영희가 자기자신을 사랑하고 있다고 믿는다.

(51ㄱ)의 '자기'는 그 자체를 뜻과 문장 전체의 뜻으로 보아 그 선행사가 '철수'로 보아지며, (51ㄴ)은 '자신'의 뜻으로 보아 그 선행사는 '영희'로 보아진다. 그런데 (51ㄷ)의 '자기자신'은 보기에 따라서는 그 선행사를 '영희'로 볼 수 있다. 이럴 때는 '자기, 자기자신' 그 자체의 뜻에 따라 그 선행사를 정해야 한다.

다) 내포문에서 재귀대명사 뒤에 보조조사 '이야말로, 조차, 마저, 까지, 만' 등이 올 때도 그 선행사가 어느 것인지 애매할 때가 있다.

(52) ㄱ. ㉮ 철수는 영희가 자기야말로 {조차, 마저, 까지, 만} 능력이 있는 것으로 믿는다고 말하였다.

　　　　㉯ 철수는 영희가 자기야말로 {조차, 마저, 까지, 만} 잘 났다 하더라고 말하였다.

　　ㄴ. 철수는 영희가 자신이야말로 {조차, 마저, 까지, 만} 능력이 있는 것으로 믿더라고 말하였다.

　　ㄷ. 철수는 영희가 자기자신이야말로 {조차, 마저, 까지, 만} 능력이 있는 것으로 믿는다고 말하였다.

(52ㄱ)의 ㉮의 선행사는 '철수'로도 볼 수 있고 '영희'로도 볼 수 있어 애매하나 '영희'를 가리키고 ㉯는 선행사가 '영희'임은 내포문의 서술어 '잘 났다 하다'로 미루어 알 수 있다. (52ㄴ~ㄷ)에서의 선행사는 재귀대명사 그 자신의 뜻에 따라 '영희'임이 분명하다.

라) '자기자신'은 삼인칭에 쓰이고 '자신'은 일인칭, 이인칭, 삼인칭에 쓰이며 '자기'는 삼인칭에만 쓰인다. 그리고 '누구'는 '자기, 자신, 자기자신' 등과 다 같이 쓰일 수 있다.

(53) ㄱ. ㉮ *너도 자기자신의 잘못을 알아라.

　　　　㉯ 그도 자기자신의 잘못을 안다.

　　ㄴ. ㉮ 나도 나 자신의 장점을 알고 있다.

　　　　㉯ 너도 너 자신의 일을 알지?

ⓒ 그는 (그) 자신의 잘못을 모르고 있다.

ㄷ. ㉮ 그는 자기도 이 〔 〕 할 수 있다고 한다.

ⓒ 그도 자기의 일을 〔 〕야 한다.

ㄹ. 누구든지 자기{자신, 자기자신}의 잘못을 아시오.

마) 재귀대명사가 내포문에 쓰이어 어느 것이 그 선행사인지 애매할 때는 문맥에 의하거나 아니면 내포문의 서술어나 또는 내포문의 서술어에 따라 결정하기도 하나, 대체로 그 바로 앞의 단수명사 또는 대명사가 선행사가 된다.

(54) 철수는 영희가 자기를(자신을) 너무 잘났다 한다고 흉을 보았다.

위에서 '자기', '자신'의 선행사는 '영희'임이 분명한데 그것은 밑줄친 내포문의 서술어에 기인하기도 하기 때문이다.

3.4.4. '당신'의 쓰임

재귀대명사 '당신'은 일인칭과 이인칭에는 쓰일 수 없고 삼인칭에만 쓰일 수 있는데 극존칭에 쓰인다.

(55) ㄱ. ㉮ *나도 당신 일이나 하면 좋겠다.

ⓒ 아버지도 당신 일을 먼저 해 놓으시면 좋겠다.

ㄴ. 선생님은 당신 몸은 돌보지 않으신다.

(55ㄱ)의 ㉮가 성립될 수 없는 까닭은 '나'를 '당신'이 받을 수 없

기 때문이다. (55ㄱ)의 ㉯와 (55ㄴ)에서 보아 알 수 있듯이 '아버지'와 '당신', '선생님'과 '당신'에서의 '당신'은 극존칭이다. (55ㄱ) ㉯의 경우는 '아버지는 아버지의 일을 먼저 해 놓으시면 좋겠습니다'는 식으로 말함이 예사이다.

새국어사전에서 조사한 관형사

1. 국어의 관형사

국어의 관형사에는 토박이말인 관형사와 한자말에 '-적' 접미사를 붙인 것의 두 가지가 있는데, 편의상 '-적'이 붙어 된 관형사를 "적-관형사"라 부르기로 하겠다. "적-관형사"는 그 수가 많아서 여기서 다룬 것은 460개가 된다. 우리말의 관형사 중 토박이말 관형사는 그 수가 너무 적다. 모두 76개 정도밖에 안 된다.

2. 관형사의 특징

관형사란 체언 앞에 와서 그 체언을 매기는 구실을 하는 한 동아리의 품사를 말한다. 관형사는 굴절을 하지 않으면서 오로지 체언만을 매기는 것이 그 특징이다.

> (1) ㄱ. 이 책이 역사 책이다.
>
> ㄴ. 저 사람이 기술자이다.

(1ㄱ~ㄴ)에서 '이, 저'가 관형사로서 명사 '책'과 '사람' 앞에 와서 그들을 매기고 있다. 그러면서 굴절을 전혀 하지 않았다. 서술어가 체언을 매기기 위해서는 굴곡을 하여 관형법이 되어야 하나 관형사는 그렇지 아니 한다. 그런데 지시관형사 '이', '그', '저'는 '요', '고', '조'의 작은말이 있음이 특징이다.

3. 관형사의 구실

첫째, 관형사는 명사, 대명사, 수사를 모두 매기는 구실을 한다.

> (2) ㄱ. <u>새</u> 옷을 입어라.
>
> ㄴ. <u>이</u> 셋을 나에게 주시오.
>
> ㄷ. <u>어느</u> 누구도 놀라지 않을 수 없었다.

(2ㄱ~ㄷ)의 밑줄 그은 관형사는 각각 명사 '옷', 수사 '셋', 대명사 '누구'를 매기고 있다.

둘째, 지시관형사는 체언을 매기는 여러 관형사 중에서 제일 앞에 와서 체언을 매긴다.

(3) ㄱ. <u>이</u> 세 송이를 주시오.

　　 ㄴ. <u>저</u> 새 옷을 좋아한다.

셋째, 지시관형사는 형용관형사를 꾸민다.

(4) ㄱ. 이 새 옷은 누구의 것이냐?

　　 ㄴ. 저 헌 책은 소중한 것이다.

　　 ㄷ. 그 모든 잡지를 한데 모아라.

4. 관형사의 갈래

관형사는 토박이말로 된 것과 한자말로 된 것으로 가를 수 있다. 그러나 그 뜻에 따라 형용관형사와 지시관형사의 두 가지로 가르는 것이 일반적이다.[1]

4.1. 형용관형사

이는 그 뒤 체언의 성질, 모양 등 그 체언의 속성이 어떠함을 실질적으로 나타내는 관형사이다.

(5) 새, 헌, 첫, 옛, 여러, 기나긴, 외, 온, 각, 왼, 오른, 뭇, 딴, 단(單), 외딴, 온갖, 진(眞), 가(假), 공(公), 사(私), 순(純), 잡(雜), 만(滿),

---

1) 최현배, 『우리말본』(열 번째 고침판), 정음문화사, 1983, 578~579쪽.

별의별, 일대, 전(全), 현(現) 등이 있다.2)

(6) ㄱ. 옛 어른의 말씀은 모두 옳다.

ㄴ. 너의 첫 사랑에 대하여 듣고 싶다.

ㄷ. 순 생맥주를 한자 주시오.

ㄹ. 옥수수밭은 일대 장관이었다.

ㅁ. 우리의 힘을 전 세계에 드높이자.

4.2. 지시관형사

말할이가 어떤 대상을 직접 가리켜서 말할 때 쓰이는 관형사인데 그 가리킴의 확실함과 확실하지 않음에 따라 정칭과 부정칭의 두 가지로 나눈다.

(7) ㄱ. 정칭

㉮ 토박이말: 이, 이까짓, 그, 그까짓, 저, 저까짓, 요, 요까짓, 고, 고까짓, 조, 조까짓, 여느.

㉯ 한자말: 해(該), 귀(貴), 본(本), 타(他), 동(同), 현(現), 내(來), 전(前), 후(後).

ㄴ. 부정칭

㉮ 토박이말: 아무, 어느, 무슨, 웬.

㉯ 한자말: 모(某).

---

2) 정인승, 『표준고등말본』, 신구문화사, 1956, 144~145쪽 참조.

위의 지시관형사는 가리킴 구실은 물론 말받기 구실과 강조 구실
을 한다.

(8) ㄱ. 여기에 많은 책이 있다. <u>이</u> 중에서 좋은 것을 하나 골라 가거라.
　　ㄴ. <u>저</u> 일을 어떡하노? 큰일 났구나.
　　ㄷ. <u>조</u> 못된 사람이 어디 있나.

(8ㄱ)의 밑줄 친 '이'는 '많은 책'을 받으므로 앞말받기(앞조응)이
요, (8ㄴ)의 밑줄 친 '저'는 글 밖의 말받기이므로 밭말받기(밭조응)
이다. (8ㄷ)의 '조'는 강조하기 위해서 쓰인 것이다.

여기서 하나 덧붙일 것은 종래 수관형사는 품사 분류에서 수사로
처리하였기 때문에 여기서는 다루지 아니 한다.

위에 설명한 것은 글쓴이의 『21세기 국어 형태론』의 것을 그대로
따온 것인데 여기서는 관형사에 따라서 토박이말 관형사와 한자말
관형사의 둘로 크게 가르고 토박이말 관형사는 형용관형사, 지시관
형사, 수관형사의 셋으로 가른다. 그리고 한자말 관형사는 수관형
사와 형용관형사의 둘로 나눈다. 이 분류를 간단히 표로 보이면 다
음과 같다.

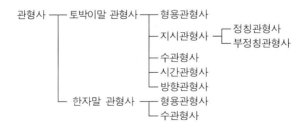

다음에서 『우리말사전』에서 통계를 낸 관형사를 위의 표에 따라서 분류하기로 한다.

5. 관형사의 분류

5.1. 토박이말 관형사

5.1.1. 형용관형사

갖은: 갖가지의 또는 온갖.

딴: 관계없이 다른.

매: 하나하나의 모든.

뭇: 여러 또는 많은.

별: 보통과 다른 게 두드러진.

별별: =별의별.

새: 새로운.

만: 제 돌이 꽉 찬.

아무: 아무런 또는 어떠한의 뜻으로 하는 말.

약(約): 수와 관련되는 어떤 말 앞에서 쓰이어 "대강", "대략"의 뜻을 나타 낸다.

어떤: ① "어떠한"의 준말. (예) 어떤 경우에도 진상을 말해야 한다. ② 여럿 가운데의 일정하지 않은 하나인. (예) 돈, 명예, 정직 중에서 어떤 것이 제일 좋은가?

여느: 그 밖의 예사로운 또는 다른 보통의.

온근: 옹글게 된 그대로의.

오라질: '오라로 묶이는 벌을 받아야 할'의 뜻으로 욕하는 말.

    (예) 오라질 놈.

온가지: →온갖.

온: 전체의 또는 전부의 뜻.

외딴: 따로 떨어져 있는.

이내: '나의 몸'의 힘줌말.

일제: 여럿이 한시에 하는.

5.1.2. 지시관형사

5.1.2.1. 잡힌 지시관형사

그딴: 그 따위의.

요: "이"를 얕잡거나 귀엽게 또는 축소하여 일컫는 말.

이: 말하는 이에게 가까이 있거나 바로 전에 말하였거나 알려진 사물임을
    가리키는 말.

요까짓: 겨우 요 정도밖에 아니 되는. ㉣이까짓.

이까짓: 겨우 이 정도밖에 되지 못하는. ㉥요까짓.

이런: "이러한"의 준말. ㉥요런.

요런: "요러한"이 줄어든 말. ㉣이런.

저: 말하는 이에게서 떨어져 있는 사물을 가리키는 말. ㉥조.

저런: "저러한"의 준말. ㉥조런.

저까짓: 겨우 저만한 정도의. ㉥조까짓.

조: "저"를 얕잡거나 귀엽게 또는 축소하여 일컫는 말. ㉣저.

조까짓: 겨우 조마한 정도의.

조런: "조러한"이 줄어든 말. ㈜저런.

저렇게: "저러하게"의 준말.

    (예) 저렇게 예쁜 처녀가 어디 있을까?

네까짓: 너처럼 하잘 것 없는.

그깟: "그까짓"의 준말.

그까짓: 겨우 그만한 정도의.

5.1.2.2. 안잡힌 지시관형사

아무아무: 어떠어떠한.

아무: "아무런" 또는 "어떠한"의 뜻으로 하는 말.

아무런: "아무러하다"의 줄어든 말.

어느: 여럿 가운데의 어떤.

어떤: "어떠한"의 줄어든 말.

이런저런: 이러하고 저러한.

웬: "어떠한", "어찌된"의 뜻을 나타내는 말.

5.1.3. 수관형사

5.1.3.1. 잡힌 수관형사

너: "네"의 바뀐 말.

    (예) 너 돈. 너 말.

넉: "네"의 바뀐 말.

(예) 넉 달. 넉 냥.

네: "넷"의 뜻.

　　　(예) 네 가지. 네 마리.

닷: "다섯"의 준말.

　　　(예) 닷 섬. 닷 말.

두: "둘"의 뜻.

두어: 두엇의.

서이: →세.

서: "세"의 바뀐 말.

　　　(예) 서 돈. 서 말.

석: "세"의 바뀐 말.

　　　(예) 석 달. 석 냥. 석 섬.

세: "셋"의 뜻.

　　　(예) 세 개. 세 사람.

엿: "ㄴ, ㄷ, ㅁ, ㅂ, ㅅ, ㅈ" 들이 첫소리인 몇몇 단어 앞에 쓰이어 여섯임을
　　　나타내는 말.

　　　(예) 엿 되. 엿 말.

일개: 한낱.

한낱: ① 단지 하나의. ② 하잘 것 없는. 🅑일개.

한: ① 하나의 뜻. ② 대략의 뜻. ③ 같은의 뜻. ④ 어떤, 어느의 뜻.

대: 다섯의 뜻. 길이를 나타내는 단위인 "자" 앞에 쓰인다.

　　　(예) 대 자.

5.1.3.2. 안잡힌 수관형사

두서너: 두서넛의.

두어서너: ＝두서너.

몇: 확실하지 아니 한 수효를 말할 때 체언 앞에 쓰이는 말.

몇몇: "몇"의 힘줌말.

모두: 모아서 다.

모든: 여러 가지의, 전부의.

스무남은: 스물 남짓한.

여러: 수효가 많은.

예수남은: 예순 남짓. 예순이 조금 더 되는 수.

5.1.4. 시간관형사

옛: 지나간 때의.

오랜: 동안이 오래된.

5.1.5. 방향관형사

오른: 오른쪽의 뜻. ㉫왼. ㉪바른.

바른: 오른.

왼: 왼쪽의 뜻. ㉫오른.

5.2. 한자말 관형사

5.2.1. 형용 한자말 관형사

가공적(架空的): 터무니없는.

가상적(假想的): 어림으로 생각하는.

가정적(家庭的): 가정생활을 소중히 여기는.

가정적(假定的): 가정하는.

가족적(家族的): 가족끼리의 생활에서와 같은.

간접적(間接的): 간접으로 하거나 되는.

감각적(感覺的): 감각하거나 감각을 잘 나타내는.

감상적(感傷的): 지나치게 느끼고 쉽게 슬퍼하는.

감성적(感性的): 감성이 작용하는 또는 감성이 예민한.

강압적(强壓的): 강제로 누르는 방식으로 하는.

강제적(强制的): 강제하는.

개괄적(槪括的): 개요를 잡아 한데 뭉뚱그리는.

가변적(可變的): 변할 수 있거나 변하는.

개성적(個性的): 개성이 뚜렷한.

객관적(客觀的): 객관으로 존재하거나 객관에 바탕을 둔.

거시적(巨視的): 어떤 대상을 드러내는. 전체적 구조로 크게 보는. ㉝미시
적.

거시적(擧市的): 모든 시가 하거나 모든 시가 할 만한.

거족적(擧族的): 온 겨레가 다 같이 힘을 모으거나 참가하는.

격정적(激情的): 격정을 나타내는.

결정적(決定的): 무엇을 결정지을 정도로 중요한.

경이적(驚異的): 놀랍고 이상히 여길 만한.

계절적(季節的): 계절을 따라 일어나거나 되는.

공간적(空間的): 공간에 속하거나 공간의 성질을 띤.

공격적(攻擊的): 공격하는.

공동적(共動的): 둘 이상이 함께 하거나 관계되는.

공리적(公利的): 자기의 공명과 이욕만을 생각하거나 구하는.

공상적(空想的): 아무런 근거도 없거나 이루어질 가능성이 없는.

공학적(工學的): 공학에 관련되는.

과도기적(過渡期的): 과거도의 특징을 띤.

과학적(科學的): 과학의 이치나 체계에 맞는.

관료주의적(官僚主義的): 관료주의를 내세우거나 부리는.

관용적(慣用的): 널리 습관적으로 쓰이는.

국가적(國家的): ① 나라에 관계되거나 속하는. ② 나라가 하거나 나라에
　　　서 하는.

국부적(局部的): 한 부분에만 있거나 일어나는.

굴욕적(屈辱的): 굴욕을 당하거나 느끼게 하는.

근시안적(近視眼的): 일의 앞날이나 전체를 내다보지 못하고 눈앞의 부분
　　　적인 것에만 사로잡힌.

긍정적(肯定的): 긍정되거나 긍정할 만한.

기계적(機械的): 기계를 써서 하는.

기하급수적(幾何級數的): 거듭할수록 수량이 더욱 큰 비율로 많아지는 것.

기형적(畸形的): 기형으로 된.

남국적(南國的): 남쪽나라에 해당하는 또는 남쪽나라다운.

남성적(男性的): 남성다운. ⑲여성적.

내벌적(內罰的): 일이 뜻대로 안 되거나 실패할 때 그 탓을 자기에게 돌리

는. (예) 내벌적 태도. ⑪자발적.

내성적(內省的): 겉으로 나타내지 않고 마음속으로만 생각하는.

내적(內的): 내부에 관한.

노골적(露骨的): 그대로 숨김없이 드러내는.

노예적(奴隸的): 노예와 같은.

논리적(論理的): 논리에 맞는.

능률적(能率的): 능률을 많이 내거나 능률이 많이 나는.

다각적(多角的): 여러 부분이나 방면에 걸친.

단(單): 수와 관련되는 명사 앞에서 "오직, 다만, 단지"의 뜻.
　　(예) 단 한 명.

단계적(段階的): 일이 차례를 따라 나아가거나 차례대로 나누이는.

단독적(單獨的): 단독으로 하는.

단말마적(斷末魔的): 단말마와 같은.

단속적(斷續的): 끊어졌다 이어졌다 하는.

단정적(斷定的): 단정하는.

당(當): 바로 이. 바로 그.

단위적(單位的): 마땅히 그렇게 하여야 하는.

당파적(黨派的): 당파로 갈리는.

대국적(大局的): 크고 대체적인 판국에 따르는.

대국적(大國的): 큰 나라다운.

대내외적(對內外的): 나라나 사회 따위의 안팎에 두루 관련되는.

대내적(對內的): 나라나 사회 따위의 안에 관련되는.

대대적(大大的): 규모가 썩 큰.

대략적(大略的): 기본이 되는 큰 줄거리로 이루어진.

대량적(大量的): 분량이나 수량이 아주 많은.

대륙적(大陸的): ① 대륙이나 대륙에 딸린 것들에만 특별히 있는. ② 성질이 대범하고 인내심이 센.

대외적(對外的): 외부나 외국에 상관하는.

대체적(大體的): 일이나 내용의 기본인 큰 줄거리로 된.

대칭적(對稱的): 대칭을 이루고 있는.

대폭적(大幅的): ① 수량의 줄거리나 느는 차이가 몹시 큰. ② 어떤 일의 이루어지는 범위가 몹시 넓은.

대표적(代表的): ① 어떤 사물의 특징을 가장 잘 나타내어 본보기가 될 만한. ② 어떤 사물적 가운데서 으뜸이 되는.

도발적(挑發的): 도발하거나 또는 도발하는 것과 같은.

도식적(圖式的): 도식과 같은.

도의적(道義的): 도의가 있는.

도전적(挑戰的): 도전으로 보이거나 인정되는.

도피적(逃避的): 도망하는 것과 같은.

독보적(獨步的): 남이 따를 수 없이 뛰어난.

독선적(獨善的): 독선에 치우친.

독자적(獨自的): ① 남과 어울리거나 남에게 기대지 않고 홀로 하는. ② 남과 같지 않고 혼자만의 독특한.

독단적(獨斷的): <청>독단으로 하는.

동질적(同質的): 질이 같은.

모(某): 아무. (예) 모 단체.

모범적(模範的): 모범이 될 만한.

무비판적(無批判的): 옳고 그름을 판단하지 않는.

민속적(民俗的): 민속에 관한.

반민족적(反民族的): 제 민족에 반역이 되는.

반민주적(反民主的): 민주주의에 반대되는.

반사회적(反社會的): 사회의 진보 발전에 반대되는 성질을 띤.

반정부적(反政府的): 정부를 반대하거나 정부의 시책과 어긋나는.

발전적(發展的): 발전하는 것으로 되는.

방관적(傍觀的): 방관하는.

배타적(排他的): 남을 배척하는.

법칙적(法則的): 법칙의 성질을 띤.

변태적(變態的): 변태에 딸리는.

보조적(補助的): 보조가 되거나 보조가 될 만한.

보충적(補充的): 보충이 되거나 보충이 될 만한.

복고적(復古的): 복고의 경향을 띤.

본성적(本性的): 본성으로 되는.

분석적(分析的): 분석해서 하는.

불균형적(不均衡的): 불균형한.

비공식적(非公式的): 공식적이 아닌.

비전문적(非專門的): 전문으로 하지 않거나 전문에 딸리지 않는.

독점적(獨占的): 독차지 하는.

독창적(獨創的): 스스로 새롭고 독특한 것을 생각해 내거나 만들어 내는.

돌변적(突變的): 갑자기 달라지는.

동(同): 위에 말한 것과 같은. (예) 동 학년.

동물적(動物的): 본능대로만 행동하는 동물 같은.

동양적(東洋的): 동양의 특수한.

동적(動的): 움직이는.

동정적(同情的): 동정하고 있는.

동지적(同志的): 동지로서의 또는 동지다운.

말초적(末梢的): 맨 끄트머리의.

망국적(亡國的): 나라를 망하게 하는.

매혹적(魅惑的): 매혹하는 힘이 있는.

맹목적(盲目的): 아무 분간 없이 덮어 놓고 행동하는.

명령적(命令的): 명령하는 투로 하는.

모모한(某某-): 아무아무하고 손잡을 만한 준재가 두드러진.

    (예) 모모한 재주꾼들이 다 모였다.

모순적(矛盾的): 서로 모순된.

모욕적(侮辱的): 깔보고 욕되게 하는.

모험적(冒險的): 위험을 무릅쓰고 하는.

목가적(牧歌的): 목가처럼 평화롭고 한가한.

몽환적(夢幻的): 꿈이나 환상과 같은.

무벌적(無罰的): 일이 잘못되었을 때 그 책임을 아무에게도 묻거나 탓하지
    아니 하는.

무의식적(無意識的): 무의식으로 하는.

무조건적(無條件的): ① 아무런 조건도 없는. ② 절대적인.

무형적(無形的): 꼴이 없는. ⑫유형적.

문법적(文法的): 문법에 관한.

문화적(文化的): 문화와 관련된.

물리적(物理的): 물리에 관한.

물리학적(物理學的): 물리학의 법칙이나 원리에 맞거나 이를 바탕으로 된.

물적(物的): 물질적인.

미술적(美術的): ① 미술에 관련된. ② 미술에 어울리는.

미신적(迷信的): 미신에 관하거나 미신에 기초한.

미온적(微溫的): 태도가 미적지근한.

미적(美的): 아름다움에 관한.

미학적(美學的): 미학을 기초로 한.

민주적(民主的): 민주주의에 맞는.

민주주의적(民主主義的): 민주적.

민중적(民衆的): 민중을 위주로 하거나 민중에 의한.

반국가적(反國家的): 제 나라를 반대하거나 새 나라의 방침, 시책과 어긋 나는.

반동적(反動的): 사회운동에 있어서 진보적 세력에 맞서서 대드는 경향이 있는.

반항적(反抗的): 순하게 좇지 아니 하고 거슬러 대어드는.

발생적(發生的): 사물의 발생 및 생성과정에 관한.

발작적(發作的): 발작하는 것과 같은.

범국민적(凡國民的): 널리 국민 전체에 관계되는.

범죄적(犯罪的): 범죄의 행위로 되는.

변증법적(辨証法的): 변증법에 바탕을 두는 또는 변증법에 딸린.

변칙적(變則的): 변칙으로 되는.

병적(病的): ① 병이 있는 듯한. ② 정신적인 아닌 지나친.

본(本): 말하는 이의 편에서 "이"의 뜻.

본격적(本格的): 본격에 맞게 적극적인.

본능적(本能的): 본능에서 일어나는.

본질적(本質的): 본질을 이루는.

봉건적(封建的): 봉건제도나 봉건사상의.

부분적(部分的): 부분이 되는 또는 부분에 관계되는.

부수적(附隨的): 붙어 따르는.

부정적(否定的): 부정하거나 부정할 만한.

부차적(附次的): =이차적.

분절적(分節的): 마디나 절로 나누는.

불규칙적(不規則的): 불규칙한.

불법적(不法的): 법에 어긋나는.

비과학적(非科學的): 과학적이 아닌.

비관적(悲觀的): 비관하는.

비극적(悲劇的): 비극을 이루는 또는　　　　〕 비참한.

비논리적(非論理的): 논리에 맞지 않는

비능률적(非能率的): 능률적인 아닌.

비량적(非量的): <철> 경험이나 추리·판단　　　　다져 가며 점차적으로
　　　　느껴 아는(인식에 이르는).

비문화적(非文化的): 문화적이 아닌.

비생산적(非生産的): 생산적이 아닌.

비약적(飛躍的): ① 빠르고 눈부시게 발전하는. ② 올바르게 차례를 밟지
　　　　않고 껑충 뛰는.

비위생적(非衛生的): 위생에 좋지 않거나 알맞지 않은.

비이성적(非理性的): 이성적이 아닌.

비인도적(非人道的): 사람으로서의 도리에 어긋나는.

비정상적(非正常的): 정상이 아닌.

비타협적(非妥協的): 서로 양보하면서 뜻을 맞추도록 협의하지 않는.

비판적(批判的): 비판하는 처지에서 하는.

비평적(批評的): 비평하는 입자에서 하는.

비합리적(非合理的): 이치나 논리에 맞지 아니 하는.

비합법적(非合法的): 법률이 정하는 바에 어긋나는.

비현상적(非現象的): 현실과는 동떨어진.

비인간적(非人間的): 사람이라면 차마 할 수 없는.

사변적(思辨的): 순수한 이성에 의하여 인식하고 설명하는.

사상적(思想的): 어떠한 사상에 관계되는.

사실적(事實的): 실제의 상태를 그려내는 또는 그와 같은.

사적(史的): ＝역사적.

사회주의적(社會主義的): 사회주의에 관계되는.

산문적(散文的): 산문과 같은.

상관적(相關的): 서로 관련을 가지는.

상대적(相對的): 서로 맞서거니 비교되는 관계에 있는.

상상적(想像的): 상상에 의한.

상습적(常習的): 늘 버릇이 된.

상식적(常識的): 상식으로 되는.

상투적(常套的): 늘 버릇이 되다시피 된.

생득적(生得的): 타고난.

생리적(生理的): 생리에 알맞거나 그에 따르는.

생물적(生物的): 생물의 생리작용에 따르는.

생산적(生産的): 생산에 관계되는.

생활적(生活的): 생활과 관련되는.

서사적(敍事的): 서사의 성질을 띤.

서정적(抒情的): 서정성을 띤.

선도적(先導的): 앞에 서서 이끄는.

선동적(宣動的): 선동을 하는.

선언적(選言的): <논> 판단이 둘 이상의 빈사 가운데서 가리어 이루어지는.

선진적(先進的): 일정한 발전 수준에 비하여 앞서는.

선차적(先次的): 차례에서 먼저인.

선천적(先天的): 나면서부터 갖추고 있는.

선택적(選擇的): 여럿 중에서 골라 뽑는.

성격적(性格的): 성격에 관한.

성공적(成功的): 성공으로 여길 만한.

성적(性的): 성에 관계되는.

세계사적(世界史的): 세계 전체의 역사적 성격을 가지는.

세계적(世界的): 온 세계에 미치는.

세기말적(世紀末的): 사회가 부패와 퇴폐의 상태에 놓인.

세기적(世紀的): 세기에 걸치어 특기할 만한.

사실주의적(寫實主義的): 사실주의에 딸리는.

사회적(社會的): 사회에 관계되는.

산발적(散發的): 때때로 여기저기에서 일어나는.

산술적(算術的): 산술의 방법을 따른.

산업적(産業的): 산업에 관한.

상징적(象徵的): 무엇을 상징하는.

서민적(庶民的): 서민과 같은.

선험적(先驗的): <철> 경험에 앞서 선천적으로 있거나 이루어지는.

소극적(消極的): 활동적이지 못하고 박력이 모자라는. ⑪적극적.

소재적(素材的): 소재로 되는.

수적(數的): 숫자상으로 보는.

숙명론적(宿命論的): 숙명론에 바탕을 둔.

숙명적(宿命的): 타고난 운명에 의한. ⑪운명적.

순간적(瞬間的): 순간에 있는.

습관적(習慣的): 버릇이 된.

시간적(時間的): 시간에 관한.

시범적(示範的): 모범을 보이는.

신사적(紳士的): 신사다운.

야만적(野蠻的): 야만스러운.

야생적(野生的): 산이나 들에서 자라 길들지 않은.

야수적(野獸的): 야수와 같이 모질고 사나운.

양심적(良心的): 양심에 거리끼지 않는.

역동적(逆動的): 역동하는.

세부적(細部的): 자디잔 부분의.

세속적(世俗的): 세속을 벗어나지 못한.

소규모적(小規模的): 크기나 범위가 작은.

소승적(小乘的): 너무 좁고 작은 일에 얽매이는.

소아병적(小兒病的): 유치하고 극단적 성향의.

속물적(俗物的): 속물과 같은.

수동적(受動的): 남에게서 움직임을 받는.

수리적(數理的): 수학의 이론으로 되는.

시기적(時期的): 시기에 따르는.

시대적(時代的): 그 시대의 특징인.

시적(詩的): 사물이 시의 정취를 가진.

신경질적(神經質的): 신경질을 부리거나 또는 그와 같이 하는.

신비적(神秘的): 신비한 상태를 띤.

실리적(實利的): 실제로 이익이 되는.

실무적(實務的): 실무와 관계되는.

실용적(實用的): 실제로 쓰기에 알맞은.

실제적(實際的): 실제하는.

실증적(實證的): 경험적 사실의 관찰과 실험에 따라 적극적으로 증명하는.

실체적(實體的): 실체와 관계되는.

심적(心的): 마음에 관한.

악마적(惡魔的): 악마와 같은.

악질적(惡質的): 악질이거나 악질 노릇을 하는.

안정적(安定的): 안정한 상태로 되는.

암적(癌的): 큰 장애가 되고 있는.

압도적(壓倒的): 남을 넘어뜨리고 눌러 버릴 만한 정도의.

애국적(愛國的): 제 나라를 사랑하는.

애상적(哀傷的): 애상하는.

야만적(野蠻的): 야만스러운.

야성적(野性的): 교양 없이 성질이 거친.

야심적(野心的): 야심을 품은.

양성적(陽性的): 양성을 띠는.

언어적(言語的): 말로 하는.

여성적(女性的): 여성다운. ⑪남성적.

여행용(旅行用): 여행에 쓰이는.

역설적(逆說的): 어떠한 이론을 역설하는 데 기본을 두는 것.

역학적(力學的): 역학의 원리나 성격을 띠는.

연속적(連續的): 연속하는.

연역적(演繹的): 연역으로 추리하는. ⑪귀납적.

열성적(熱誠的): 열성을 다하는.

열정적(熱情的): 열정을 다하는.

염세적(厭世的): 세상을 싫어하는 경향이 있는.

영구적(永久的): 영구히 변하지 아니 할 만한.

영속적(永續的): 영속성이 있는.

영적(靈的): 신령스러운.

예비적(豫備的): 미리 갖추는.

예술적(藝術的): 예술성을 지니는.

외교적(外交的): 외교와 관계된.

외벌적(外罰的): 일이 뜻대로 안 되거나 실패할 때 그 탓을 남에게로 돌리는. ⑲내벌적.

외부적(外部的): 외부에 국한하거나 관계되는. ⑲내부적.

외적(外的): ① 외부에 관한. ⑲내적. ② 외부에서 일어나는. ⑲내적. ③ 물질적인, 육체적인. ⑲내적.

우선적(優先的): 남이나 다른 것보다 먼저 하는.

우연적(偶然的): 우연성에 의한.

우의적(友誼的): 우의가 있는.

우호적(友好的): 사이가 좋은.

운명적(運命的): ＝숙명적.

원시적(原始的): 원시 상태인.

원칙적(原則的): 원칙을 따르는.

위선적(僞善的): 겉으로만 착한 체하는.

위협적(威脅的): 으르고 협박하는.

유기적(有機的): 유기체 같은.

유물론적(唯物論的): 유물론에 바탕을 둔.

유형적(類型的): 유형에 딸리거나 유형을 이루는.

유혹적(誘惑的): 유혹하는 또는 유혹하는 듯한.

유희적(遊戲的): 놀이 삼아서 하는.

육체적(肉體的): 육체에 관한.

윤리적(倫理的): 윤리에 관한 또는 윤리를 따르는.

율동적(律動的): 율동성이 있는.

음성적(陰性的): 밖으로 나타나지 않는.

음악적(音樂的): 음악과 같거나 관계가 있는.

의례적(依例的): 예전부터 해 내려오는.

이례적(異例的): 보통과 다른.

이상적(理想的): 이상에 맞는.

이색적(異色的): 보통의 것과 특별히 다른.

이성적(理性的): 이성에 근거하거나 이성에 따르는.

이중적(二重的): 이중으로 되거나 하는.

이지적(理智的): 이지에 바탕을 두거나 이지의 힘이 센.

이차적(二次的): 이차와 같은. ⑪부차적.

기록적(記錄的): ① 기록에 남아 있거나 남을 만한. ② 새 기록에 남을
    만한.

기술적(技術的): 기술에 관하거나 기술에 의한.

기술적(記述的): 기술에 관한.

내부적(內部的): 내부에 관계가 되거나 한정되는. ⑪외부적.

영웅적(英雄的): 영웅다운.

예외적(例外的): 예외에 속하는.

우발적(偶發的): 우연히 일어난.

원초적(原超的): ＝원시적

위압적(威壓的): ① 위엄이나 세력으로 누르는. ② 을러메는.

이기주의적(利己主義的): 이기주의에 바탕을 둔.

이론적(理論的): 이론에 관한 또는 바탕을 둔.

인도적(人道的): 사람으로서 지켜야 할 도리나 도덕에 관계되거나 바탕을 둔.

인문적(人文的): 인문에 관한.

인습적(因襲的): 인습에 젖은.

인위적(人爲的): 사람이 일부러 하는. ㉭인공적.

일률적(一律的): 모두 한결같은.

일방적(一方的): 한쪽으로만 치우친.

자생적(自生的): 스스로 나거나 생기는.

작(昨): 날짜 앞에 쓰이어 "어저께인"의 뜻을 나타내는 말. (예) 작 칠일.

작가적(作家的): 작가로서 가지는.

잠정적(暫定的): 임시로 정하는.

재미(在美): 미국에 가 있는.

이질적(異質的): 바탕이 다른.

인격적(人格的): 인격에 바탕을 둔.

인공적(人工的): 인위적.

인상적(印象的): 인상이 두드러진.

인적(人的): 사람으로의 또는 사람에 관한.

일괄적(一括的): 한데 뭉뚱그린.

일대(一大): 굉장한 또는 광대한.

일반적(一般的): 일반에 공통된.

일정(一定): 정해진.

일제(一齊): 여럿이 한시에 하는.

일차적(一次的): 첫 번째의.

일체(一切): 모든 또는 온갖.

입체적(立體的): 입체감을 주는.

자각적(自覺的): 스스로 느끼거나 깨닫는.

자극적(刺戟的): 자극을 주는.

자동적(自動的: 다른 힘을 빌리지 아니 하고 스스로 움직이거나 작용하는.

자립적(自立的): 스스로 하는.

자발적(自發的): 스스로 나서서 하는.

자벌적(自罰的): =내벌적.

자본주의적(資本主義的): 자본주의와 같거나 자본주의에 바탕을 둔.

자연적(自然的): 인공이나 인위를 더하지 않은 자연 그대로의.

자율적(自律的): 스스로 저를 통제하는 절제하는.

자의적(恣意的): 일정한 질서를 무시하고 제 멋대로 하는.

자전적(自轉的): 자전의 성질을 띠고 있는.

자조적(自嘲的): 스스로 자기를 비웃는.

자족적(自足的): 스스로 만족할 만한.

자주적(自主的): 남의 힘을 빌거나 간섭을 받거나 하지 않고 제 일은 제
　　　　힘으로 하는.

자치적(自治的): 자치를 하는.

작위적(作爲的): 의식적으로 행동을 하는.

잠재적(潛在的): 잠재하는.

장기적(長期的): 장기간에 걸치는.

각(各): 각각의. 낱낱의. 따로따로의.

간헐적(間歇的): 이따금 한번씩 되풀이 되는.

감격적(感激的): 감격할 만한.

감정적(感情的): 감정에 치우치거나 휩싸이는.

개방적(開放的): 트이거나 열린.

개별적(個別的): 하나하나 따로인.

개인적(個人的): 개인에 딸리거나 관계되는.

개체적(個體的): 개체에 관계되거나 개체에 딸린.

재일(在日): 일본에 가 있는.

재정적(財政的): 재정에 관한.

저돌적(猪突的): 앞뒤를 헤아리지 않고 내닫거나 덤비는.

적대적(敵對的): 적대하거나 적대되는.

전(全): 주로 한자말 명사 앞에 쓰이어 "온", "모든"의 뜻을 나타냄.

전격적(電擊的): 번개와 같이 갑작스럽게 냅다 지르는 또는 그런 기세로
       하는.

전근대적(前近代的): 전근대의 수순이나 상태에 있는.

전기적(傳奇的): 기이하여 세상에 전할 만한.

전략적(戰略的): 전략에 관계되는.

전설적(傳說的): 전설에 나오거나 전설로 전할 만한.

전술적(戰術的): 전술에 관한.

전제적(專制的): 전제의 방식을 쓰는.

전체적(全體的): 전체에 관계되는.

전투적(戰鬪的): 전투를 하는 것과 같은.

전형적(典型的): 전형이 될 만한.

절망적(絶望的): 모든 희망이 끊어지다 시피한.

점차적(漸次的): "점차"의 힘줌말.

정력적(精力的): ① 정력이 좋은. ② 정력을 드려 하는.

정서적(情緖的): 정서를 띤.

정언적(定言的): 아무 제약이나 조건 없이 내세우는.

정열적(情熱的): 정열에 붙타는.

정책적(政策的): 정책에 관한.

정치적(政治的): 정치에 관한.

전국적(全國的): 규모나 범위가 온 나라에 관계되는.

전반적(全般的): 전반에 걸치는.

전통적(傳統的): 전통으로 되는.

전폭적(全幅的): 전체에 걸쳐 남김 없이 완전한.

절대적(絶對的): 절대의 상태에 있는.

점진적(漸進的): 점차로 나아가는.

정기적(定期的): 일정한 시기나 기한을 정하고 하는.

정략적(政略的): 정략을 목적으로 하는.

정상적(正常的): 상태가 정상인.

정적(靜的): 정지 상태에 있는.

제반(諸般): 모든.

종국적(終局的): 마지막인 또는 끝판인.

중간적(中間的): 중간에 해당하는.

중성적(中性的): 중성을 띤.

중심적(中心的): 중심을 이루는.

지배적(支配的): 지배하는 또는 지배하는 것과 같은.

진보적(進步的): 진보하거나 진보를 꾀하는.

진취적(進就的): 진취의 기상이 있는.

차별적(差別的): 차별이 있는.

천부적(天賦的): 타고난.

천재적(天才的): 재주를 날 때부터 지니고 있어 남보다 훨씬 뛰어난.

초월적(超越的): 어떤 한도나 표준을 벗어나거나 뛰어넘어 있는.

초인간적(超人間的): ① 보통 사람으로서는 생각조차 할 수 없을 만큼 아주
    뛰어난. ② 인간 세계를 벗어나 그 위에 있는.

초자연적(超自然的): 자연을 넘어서 있는 존재나 힘에 의한.

축차적(逐次的): 차례대로 좇아 하는.

치욕적(恥辱的): 치욕스러운.

침략적(侵略的): 침략과 같은.

제(諸): 한자말로 된 명사 앞에 쓰이어 "여러"의 뜻을 나타내는 말.

조직적(組織的): 여러 사물 사이에 유기적인 체계와 질서가 있는.

종교적(綜敎的): 종교에 관한.

종속적(從屬的): 종속되어 있는.

종족적(種族的): 어느 종족에만 있거나 온 종족에 관계되는.

종합적(綜合的): 종합하는.

주기적(周期的): 일정한 시간을 두고 되풀이 되는.

주도적(主導的): 주동적인 처지에 있는.

주동적(主動的): 주동의 구실을 하거나 주동인 자리에 있는.

주체적(主體的): 주체를 이루는 또는 주체가 된.

중립적(中立的): 중립의 태도를 취하는.

중점적(重點的): 어떤 것에 특히 중점을 두어서 하는.

중추적(中樞的): 중추가 되는.

즉각적(卽刻的): 즉각에 하는.

즉흥적(卽興的): 그 자리에서 기분 나는대로 하는.

지리적(地理的): 지리에 관한.

지리학적(地理學的): 지리학에 관계되는.

지방적(地方的): 지방에 한정되거나 지방에 관련된.

지사적(志士的): 지사와 같은.

지성적(知性的): 지성에 관한.

지역적(地域的): 지역에 관한.

지엽적(枝葉的): 중요한 본질적인 것이 아닌 부차적인 것. ⑪말초적

지적(知的): 지식이나 지성에 관한.

직감적(直感的): 곧바로 느끼는.

직선적(直線的): 곧게 나아가는.

직설적(直說的): 곧바로 말하는.

직접적(直接的): 직접으로 하거나 되는.

진화적(進化的): 진화에 관한.

집약적(集約的): 하나로 모아서 뭉뚱그리는.

집중적(集中的): 한곳을 중심으로 모이거나 모으거나 하는.

찰나적(刹那的): 찰나와 같은.

창조적(創造的): 창조하는 특성이 있는.

천문학적(天文學的): ① 천문학에 기초한. ② 수가 엄청나게 큰.

천편일률적(千篇一律的): 천편일률의 성장을 띤.

철학적(哲學的): 철학에 기초한.

첨단적(尖端的): 첨단에 나서서 활동하는.

체계적(體系的): 체계를 이루는.

초보적(初步的): 초보인.

초인격적(超人格的): 초인간적.

초인적(超人的): 초인간적인.

총체적(總體的): 있는 것들을 통털어 합치거나 묶은.

추가적(追加的): 추가되는.

추상적(抽象的): ① 낱낱의 사물에서 공통되는 속성을 뽑아내어 종합한.

② 사실이나 현실과 동떨어져 막연하고 일반적인.

충격적(衝擊的): 충격을 주거나 받는.

충동적(衝動的): 충동을 일으키는.

타산적(打算的): 따져 헤아리는.

타성적(惰性的): 버릇이 굳어진.

탐욕적(貪慾的): 탐욕이 많은.

토속적(土俗的): 그 지방에만 특별한 풍속의.

통계적(統計的): 통계에 따른.

통속적(通俗的): 대중적이며 보편적인.

통일적(統一的): 통일되어 있는.

퇴영적(退嬰的): 나서지 않고 망설이는.

퇴폐적(頹廢的): 퇴폐한.

투쟁적(鬪爭的): 투쟁하는 성격을 띤.

특징적(特徵的): 다른 것에 비겨서 특별히 눈에 뜨이는 표적이 되는.

파괴적(破壞的): 파괴하는 성질을 가진.

파국적(破局的): 파국으로 되는.

파생적(派生的): 파생한.

편향적(偏向的): 한쪽으로 치우친.

평균적(平均的): 많은 수나 양에서 평균이 되는.

평면적(平面的): 겉으로 나타난 일반적인 사상만을 논의하거나 표현하거 나 하는.

평화적(平和的): 평온하고 화목한.

포괄적(包括的): 사물을 있는 대로 다 한 테두리 안에 휩쓸어 넣는 방식의.

폭력적(暴力的): 폭력을 쓰거나 폭력으로 하는.

폭발적(爆發的): 갑작스럽게 터지어 일어나는.

표면적(表面的): 표면으로 드러난.

표현적(表現的): 표현하는.

필사적(必死的): 죽기를 결심하고 하거나, 죽을 힘을 다하는.

필수적(必須的): 꼭 필요로 하는.

학문적(學問的): 학문에 바탕을 둔.

학자적(學者的): 학자로서의.

결과적(結果的): 결과로 되는.

결사적(決死的): 죽기를 각오하고 온 힘을 다하는.

계몽적(啓蒙的): 계몽하거나 계몽하는 방식으로 하는.

고(故): 죽은이의 성명 앞에 쓰이는 "이미 세상을 떠난"의 뜻.

고립적(孤立的): 고립하는 또는 고립되어 있는.

고압적(高壓的): 억누르는.

고의적(故意的): 일부러 하는.

합리적(合理的): 이치나 이론에 맞는.

합목적적(合目的的): 목적에 맞거나 맞게 하는.

합법적(合法的): 법령이나 규정에 맞는.

핵심적(核心的): 핵심이 될 만한.

향락적(享樂的): 향락을 누리는.

향토적(鄉土的): 향토의 특성을 띠는.

허무적(虛無的): 허무한.

현(現): "현재"의 뜻을 나타내는 말.

혈연적(血緣的): 핏줄로 맺어진.

협동적(協同的): 협동하여 하는.

협조적(協助的): 서로 잘 어울려 힘을 합하는.

형식적(形式的): 실질보다 형식만을 주로 하는.

타협적(妥協的): 타협하려는 태도가 있는.

파행적(跛行的): 일이 순조롭게 되어 가지 않는.

편파적(偏頗的): 치우쳐서 공평하지 못한.

표준적(標準的): 기준이 되는.

풍자적(諷刺的): 풍자의 성질을 띤.

피상적(皮相的): 겉으로 드러나 보이는 현상에만 관계하는.

필연적(必然的): 반드시 그리 될 수밖에 없는.

학적(學的): 학문에서의.

해학적(諧謔的): 익살스럽고 풍자가 섞인 것과 같은.

행동적(行動的): 행동하는.

헌신적(獻身的): 헌신하는.

혁명적(革命的): 혁명을 일으키거나 혁명을 지향하는.

현학적(衒學的): 학식의 두드러짐을 자랑하는.

호의적(好意的): 호의로 하거나 호의에서 나온.

호혜적(互惠的): 서로 도와 이익되게 하는 것.

화학적(化學的): 화학에 근거하거나 딸리는.

활동적(活動的): 활동력이 있는.

획기적(劃期的): 어떤 분야에서 새로운 기원이나 시기를 열어 놓을 만큼
    두드러진.

후천적(後天的): 성질, 체질, 능력 따위가 생후에 얻어진.

호전적(好戰的): 싸우기를 좋아하는.

확정적(確定的): 확정된 상태인.

환상적(幻想的): 환상과 같은.

획일적(劃一的): ① 한결같은. ② 쪽 고른.

횡적(橫的): 어떤 사물에 횡으로 관계되는 상태인.

효과적(效果的): 효과가 있는.

효율적(效率的): 쓸모 있는 비율이 큰.

희망적(希望的): 잘 될 가능성이 있는 또는 그러한 가능성이 있는 것으로
    보는.

희생적(犧牲的): 희생하는 특성이 있는.

희화적(戲畵的): 희화와 같은.

고차적(高次的): 수준이나 정도가 높은.

공개적(公開的): 공개하는.

공적(公的): 사회의 여러 사람이나 단체에 두루 관계되는.

관습적(慣習的): 관습으로 되는.

광적(狂的): 미치거나 미쳤다 시피한.

국제적(國際的): 나라 사이에 관계되는.

국지적(局地的): 한 지역에 한정된.

극단적(極端的): 몹시 한쪽으로 치우치거나 극도에 달하는.

극우적(極右的): 극단적으로 우익사상이나 당파.

극적(劇的): 연극을 보는 것처럼 큰 긴장이나 감동을 불러일으키는.

근(近): 수량을 나타내는 말 앞에 쓰이어 그 수량에 "거의 가까운"의 뜻.

기능성(技能性): 기능이 있거나 기능을 필요로 하는.

기하학적(幾何學的): 기하학에 관하거나 바탕을 둔.

단면적(斷面的): 어떤 단면만을 나타내는.

대규모적(大規模的): 규모나 범위가 큰. ⊕소뮤모적.

대승적(大乘的): =대국적. ⊕소승적.

대중적(大衆的): 대중에 관한, 대중에 맞는.

도덕적(道德的): 도덕에 관한.

새국어사전에서 조사한 감탄사

1. 감탄사란?

문장 앞에서 독립성을 가지면서 말할이의 느낌을 나타내는 말로서 조사의 도움을 받지 않는 품사를 말한다. 감탄사는 본래 문장 앞에 오는 것이 원칙이나 경우에 따라서는 문장의 중간이나 끝에도 쓰이기도 한다.

    (1) ㄱ. 아! 달도 밝다.

        ㄴ. 너도 가자, 응.

        ㄷ. 내가 말이야 어제 서울에 갔다.

2. 감탄사의 갈래

감탄사는 그 나타내는 뜻에 따라 감정적 감탄사, 의지적 감탄사, 말버릇 감탄사, 말더듬 감탄사의 넷으로 나눈다.

2.1. 감정적 감탄사

놀람, 기쁨 같은 순수한 감정만을 나타내는 감탄사로 다음과 같은 것이 있다.

① 기쁨: 하, 하하, 허허.
② 성냄: 에, 엣, 에이, 엑기, 원.
③ 슬픔: 아이고, 에구(어이구), 어이.
④ 걱정: 하, 허.
⑤ 한숨: 허, 허허, 하, 하하, 후, 후유.
⑥ 놀램: 아, 아아, 아이고, 에구머니, 익기, 이크, 야아, 에따, 아이, 저런,
　　불이야, 도둑이야, 와, 사람 살려, 앗차.
⑦ 두려움: 이이, 우우, 에비, 에비야.
⑧ 인정: 참, 정말, 아무렴, 그렇지, 암.
⑨ 지움: 웬걸, 어디, 천만에.
⑩ 낙망: 어, 엉, 어뿔싸, 아뿔싸, 아차.
⑪ 뜻같음: 이키, 이쿠, 애캐, 옳다, 옳지, 옳아, 얼싸, 얼씨구, 얼씨구나,
　　절씨구, 절씨구나.
⑫ 즐거움: 만세, 좋다.
⑬ 시원함: 에라, 야아.

⑭ 놀림: 에뚜에, 아주, 얼싸, 어렵시오, 용용, 알랑총.

⑮ 코웃음: 피, 푸, 후.

⑯ 슬픔·감탄: 허, 허허, 에따.

⑰ 깔봄: 애개, 애개개, 애따, 어릴.

⑱ 불평: 에.

⑲ 비방: 아따.

⑳ 가엾음: 아이차, 아이구, 저런, 하하, 아이야, 애개, 에그.

㉑ 기림: 좋다, 잘 한다.

㉒ 반김: 아아, 야아.

㉓ 물리침: 에라.

㉔ 아양: 아이이.

㉕ 앓음: 아야, 아이구.

㉖ 욕설: 이 새끼, 개새끼, 제기랄.

㉗ 의아: 글쎄, 글쎄다, 그래.

㉘ 승인: 그래, 그럼.

㉙ 흥겨움: 늴리리야, 니나노, 날실로, 에헤이요, 에헤이야 데헤이야, 에라
낳다, 지화자자 좋다, 에이요, 에에이야, 에어라차, ….

㉚ 불만: 아아, 아뿔싸, 에라 놓아라.

㉛ 느낌: 야(는야), 으라차차.

㉜ 혼남: 에뜨거라.

2.2. 의지적 감탄사

꾀임, 부름과 같은 의지의 앞머리를 드러내는 감탄사로서 다음과
같은 것이 있다.

① 단념: 에따, 앗아라, 그만둬.

② 주의: 쉬, 수쉬, 쉿.

③ 독려: 자, 위여, 버텨라.

④ 꾀임: 자.

⑤ 재촉: 응, 그래, 어서.

⑥ 어름: 이놈, 요놈, 저놈, 그놈.

⑦ 힘씀: 이여차, 어기여차, 이여싸, 영차 어화어화 어화영차 어화, 어기여라 궁굴레, ….

⑧ 부름: 여보십시오. 여보시오, 여보, 여보게, 이봐, 얘, 임마, 오래오래, 똘돌(돼지 부르는 소리), 구구(닭 부르는 소리), 워리(개 부르는 소리).

⑨ 대답(높임의 차례에 따라): 예, 응, 그래, 오냐, 아니올시다, 아닙니다. 아니요, 아니, 아니야, 왜요, 왜, 뭐, 글쎄올시다, 글쎄요, 글쎄.

⑩ 시킴: 열중 쉬어, 차렷, 경례, 쉬엇, …, 왕(말에 대하여), 워(소에 대하여).

⑪ 인사: 안녕.

⑫ 축배: 건배, 지화자.

⑬ 기침: 에헴, 어험, 애햄.

⑭ 약 올림: 용용.

2.3. 말버릇 감탄사

아무 느낌이나 생각 없이 단순히 입버릇으로 말에 섞어 내는 것이 있다.

머, 멀, 말이지, 말이야.

2.4. 말더듬 감탄사

말이 빨리 나오지 아니 할 때 말을 더듬는 모양으로 아무 뜻 없는 소리로 내는 것으로 다음과 같은 말이 있다.

이, 에, 저, 음, 거시기.

3. 감탄사의 통어적 기능

1) 감탄사는 문장의 성분으로서 독립된 자격을 가진다.

    (2) ㄱ. 앗차 그걸 잊었군.

        ㄴ. 아, 달이 밝구나.

        ㄷ. 여보, 어디에 가시오.

(2ㄱ~ㄷ)의 '앗차', '앗', '여보' 등은 각각 그 뒤에 오는 문장에 어느 정도의 꾸밈 구실을 하고 있다. 감탄사는 문장의 앞에서 그것을 꾸미는 구실을 하나, 그 꾸미는 작용이 그저 긴밀하지 아니 하며 문장의 짜임에는 그리 큰 관계가 없다. 그러면서 독립된 문장의 자격을 가진다.

    (3) ㄱ. ㉮ 너는 학교에 가느냐?

        ㉯ 예. (=그렇습니다. 저는 학교 갑니다.)

        ㄴ. ㉮ 그가 고시에 떨어졌다.

ⓝ 아뿔사. (=참, 애석하구나.)

(3ㄱ~ㄴ)의 ⓝ는 홀로 문장의 자격을 가지고 있다. 즉 괄호 속의 문장 구실을 하고 있다.

2) 감탄사는 경우에 따라서 그 자질상 문장의 중간이나 끝에 올 수도 있다.

  (4) ㄱ. 그가 갔다. 아이구.
    ㄴ. 그가 야아, 오는구나.
    ㄷ. 어디 가시오. 여보.

(4ㄱ~ㄷ)에서 보는 바와 같이 이런 것이 감탄사의 통어적 특질이기도 하다.

3) 감탄사로서 서로 의사소통을 하는 일이 있다.

  (5) ㄱ. 갑: 아이구, 아야.
      을: 왜 그래.
    ㄴ. 갑: 여보.
      을: 왜.
      갑: 어서요, 어서.

4) 아이고, 어이

슬픔을 나타내는 '아이고'는 조부모, 부모가 돌아갔을 때 곡하면서 내는 소리요, '어이'는 백숙부모, 종조부모 기타 사람이 돌아갔을 때 곡하며 내는 소리이다.

(6) ㄱ. 아이고, 아이고.
    ㄴ. 어이, 어이.

4. '우리말사전'에서 찾아낸 감탄사

위의 것은 글쓴이의 『21세기 국어 형태론』에서 따온 것이다.

여기서는 위에 보인 것과 겹치는 것도 있을 것이나 사전에서 찾은 것을 모두 싣기로 하였으니 오해 없기를 바란다. 그리고 하나 덧붙여 둘 것은 여기서는 일일이 분류하지 않고 사전에서 찾은 차례대로 기술·설명할 것임을 밝혀 둔다.

가실랑은: 글을 읽거나 말을 할 때 거침없이 되어지지 않아서 내는 군소리.

거: "그것"의 뜻.

거봐: 어떤 일이 자기 말대로 되었을 때 "해" 하는 사람에게 일깨우는 뜻으로 하는 소리.

거봐라: 어떠한 일이 자기 말대로 되었을 때 "해" 할 상대에게 일깨우는 뜻으로 하는 소리.

거시기 =거시기: 말하고자 하는 사물의 이름이 얼른 떠오르지 않거나 바로 말하기가 거북할 때 그 대신으로 내는 소리.

걸음마: 아직 걷지 못하는 어린아이에게 걸음을 익히게 할 때 발을 떼어

놓으라고 시키는 소리.

게우쭈루: 조선 때 병조판서, 각 영문의 대장, 각 관찰사, 각 절도사, 그
밖의 병권을 가진 벼슬아치들의 행사에 호위하는 순령수가 지나가
는 사람들에게 길을 비키라고 외치는 소리.

게저리게: 게 장수가 게를 팔려 다닐 때에 외치는 소리.

그렇지: 그와 같이 틀림없다는 뜻으로 하는 말.

글쎄다: "글세"의 힘줌말.

깜짝이야: 깜짝 놀랐을 때 내는 소리.

난장질(亂杖-): 난장을 맞음.

난장맞을: 일이 뜻대로 되지 않거나 못마땅하여 불쾌한 느낌으로 저주하는
말.

내괘: "내가 괴이하게 생각하였더니 과연 그렇구나"라는 뜻으로 이르는
말. (예) 내괘! 심상치 않더니 기어이 일이 터졌군!

내더위: <민> 대보름날 더위 팔 때 하는 소리.

네미¹: 송아지를 부르는 소리.

네미²: 네 어미가 줄어든 말로 못마땅할 때 상스럽게 하는 말.

넨장맞을: 네 장난을 맞을 뜻으로 욕으로 쓰는 말. ㉰넨장.

둥개-둥개: 아기를 어르는 소리인 "둥둥"에 가락을 넣어서 더 재미있게
하는 소리.

드레드레: 벌떼가 분봉하려고 한데 나가서 모이어 붙은 것을 받아들이려고
멍덕이나 수봉기를 대고 몰아넣을 때 부르는 소리. ㉾둬둬.

따로따로: "따로따로따따로"의 준말.

따로따로따따로: 어린아이가 처음으로 따로서기를 익힐 때에 어린이를
붙들었던 손을 떼려고 하면서 부르는 소리. ㉰따로따로. ㉾섬마섬마.

맙소사: 기막힌 일을 당하거나 보거나 할 때 탄식하는 소리.

모어라수에: →무에리수에.

무어: ① 그게 무슨 소리냐고 놀람을 나타냄. ② 누가 부를 때 무엇 때문에 부르느냐는 뜻으로 되묻는 말. ㉣뭐. ③ 여러 말 할 것 없다는 뜻으로 쓰는 말. ④ 반의적인 뜻을 강조하려고 쓰는 말. ㉣뭐.

무에리수에(⊏門─數): 돌파리 장님, 점쟁이가 자기에게 점을 치라고 거리로 다니면서 외치는 소리. ※⊏: 어원의 변천을 보이는 부호.

받들어 총: <군> 총을 가지고 경례를 하는 동작.

뵈시위: "임금이 거동할 때 봉도에서 주의하여 모시라"고 외치는 소리.

부라: 대장간에서 풀무질을 하는데 불을 불라는 소리.

부라부라: 부라질을 시키는 말.

빠이빠이: 어린이들이 쓰는 "잘 가라", "잘 있어", "안녕"을 뜻하는 작별의 인사.

세상에: "이 세상에 그런 일도 있는가?" 하고 놀라는 뜻으로 쓰는 말.

시호시호(時乎時乎): =시재시재.

심봤다: 심마니가 산삼을 발견했을 때 세 번 지르는 소리.

아니야: 부정의 뜻을 나타낼 때 쓰이는 말. ㉣아냐.

아니요: 윗사람에게 그렇지 않다는 뜻으로 하는 말. (예) 아리요, 그렇지 않습니다.

아니참: 어떤 생각이 문득 떠올랐을 때에 그 말 앞에 쓰는 말.

아멘(amen): <종> 기도나 찬송 끝에 진실로 그와 같이 찬동한다고 다짐하는 뜻으로 하는 말.

아무러나: "아무렇게나 하려거든 하라"고 승낙하는 말.

아무려면: 말할 것 없이 그렇다는 뜻.

아서라: "해라 할" 사람에게 그리 말라고 금지하는 말.

아옹: 얼굴을 가리고 있다가 별안간 어린아이를 보며 어를 때 하는 말.

아이고머니: "아이고"보다 깊고 간절한 느낌을 나타내는 소리.

아이고머니나: "아이고머니"의 힘줌말.

아주: 잘난체하는 짓을 비유하는 말.

(예) 아주, 제가 무슨 잘난 사람이라고.

아차: 잘못된 것을 깨달을 때에 선뜻 나오는 소리.

아차차: "아차"를 빠르게 거듭하는 소리.

아이고: ① 몹시 괴롭거나 아플 때 내는 소리. ㉜애고. ㉣아이구. ㉫아유, 아이. ② 좀 힘이 들어 싫거나 귀찮거나 못마땅한 느낌을 나타낼 때 내는 소리. ㉣어이쿠. ㉫아유, 아이. ③ 몹시 놀라거나 갑작스러운 느낌을 나타낼 때에 내는 소리. ㉜애고. ㉣어이구. ㉫아유, 아이. ④ 몹시 원통하고 야속한 느낌을 나타낼 때에 내는 소리. ㉜애고. ㉣어이구. ㉫아유, 아이. ⑤ 몹시 기가 막히거나 어이없는 느낌을 나타낼 때에 내는소리. ㉜애고. ㉣어이구. ㉫아유, 아이. ⑥ 몹시 좋거나 반가운 느낌을 나타낼 때에 내는 소리. ㉜애고. ㉣어이구. ㉫아유, 아이. ⑦ 상중에 죽은이의 아들, 딸, 손자 들이 우는 소리. ㉜애고. ㉫아유, 아이.

아하하: 일부러 지어서 자지러지게 큰소리로 웃는 소리. ㉣어허허.

안녕: 헤어질 때나 만날 때 인사를 정답게 하는 말.

알라차: "알라"와 "아차"를 아울러 경쾌하게 느끼는 때에 내는 소리.

앗: 깜짝 놀라거나 놀랠 때 또는 위급할 때에 내는 소리.

앙: ① 어린아이가 우는 소리. ② 남을 놀릴 때에 지르는 소리. ③ 개 따위가 왈칵 물려고 덤빌 때 내는 소리.

애³: 업신여기는 뜻을 나타내는 말. (예) 애. 그놈.

애개개: "애개"를 거듭할 때나 "애개"보다 더 크게 느낄 때에 내는 소리.

애고머니: "아이고머니"의 준말. ㉣에구머니.

애고애고: 부모상을 당한 상주나 조부모 상을 당한 종손의 곡하는 소리.

애재(哀哉): 한문투로 "슬프도다"의 뜻.

애해: 우습거나 기가 막힐 때에 가볍게 내는 소리.

애햄: 점잔을 빼거나 인기척을 하는 때에 큰기침을 가볍게 내는 소리.

얄라차: 잘못됨을 얄궂게 또는 신기하게 여길 때에 내는 소리.

어기야: "어기야디야"의 준말.

어기야디야: 뱃사람들이 노를 저을 때에 흥겨워 내는 소리. 㮚어기야. 어
　　　야디야. 에야디야.

어기여차: 힘을 합할 때에 일제히 내는 소리.

어허야어허: 땅을 다질 때 동작이나 힘을 맞추려고 지르는 소리.

어허허: 점잖게 너털웃음을 웃는 소리.

어험: 위엄을 내어서 기침하는 소리.

어화둥둥: "어허둥둥"의 예스런 말.

얼럴럴상사디야: 농부가의 후렴.

얼싸둥둥: ① 흥이 나서 아기를 어르는 소리. ② 남의 운에 딸리어서 멋모
　　　르고 행동하는 꼴.

얼씨구: ① 흥에 겨워서 떠들 때에 작은 장단으로 내는 소리. ② 보기에
　　　눈꼴사나울 때에 조롱으로 하는 소리.

얼씨구나: 흥에 겨워서 떠들 때에 아주 좋다고 지르는 소리.

얼씨구나절씨구나: 흥겨워서 떠들 때에 아주 좋다고 지르는 소리.

얼씨구절씨구: 흥에 겨워서 장단으로 잇달아 떠드는 소리.

에: 뜻에 맞지 아니 하여 속이 상할 때 스스로 하는 말.

에계: 하찮거나 훨씬 못 미쳐 업신여길 때에 하는 소리.

에계계: "에계"의 힘줌말.

에구머니: "아이구머니"의 준말.

에구에구: 몹시 슬퍼 우는 소리.

에그: 좀 징그럽거나 가엽거나 끔찍하거나 할 때에 내는 소리. ㉠에크.
㉭에끄.

에그그: "에그"를 힘주어 내는 소리. ㉠에크나. ㉭에끄나.

에기: ① 스스로 증이 나서 생각을 끊어버리려 할 때에 내는 소리. ㉲엑.
㉭에끼.

에꾸: 깜짝 놀랄 때에 스스로 내는 소리. ㉠에쿠.

에꾸나: 깜짝 놀랄 때에 스스로 아주 힘주어 내는 소리. ㉠에쿠나.

에끄: 갑자기 가엾거나 끔찍하거나 놀라운 일을 볼 때에 내는 소리. ㉠에
크. ㉾에그.

에끄나: "에끄"를 힘주어 내는 소리. ㉠에크나. ㉾에그나.

에게: ① 증이 나서 생각을 아주 끊어버리려 할 때 내는 소리. ㉠에키.
㉾에기. ② →에끄.

에뜨거라: 혼날 뻔하였다는 뜻으로 내는 소리.

에라: ① 암만하여도 생각을 끊어버려야 하게 된 때에 스스로 내는 소리.
② 아이에게 "비켜라", "그만 두라"는 뜻으로 내는 소리. ③ "에루
하"의 준말.

어깨총: <군> 총을 어깨에 메라는 구령.

어디: "어디여"의 준말.

어디여: ① 소가 길을 잘못 들려고 할 때에 바른 길로 모는 소리. ② 소를
오른쪽으로 가게 모는 소리.

어뜨무려차: 어린아이가 무거운 물건을 들어 올릴 때에 하는 소리.

어렵쇼: "어여"의 낮은말.

어려려려-얼하랑: 말을 부리거나 다룰 때에 하는 소리. <제주>

어마뜨거라: 매우 무섭거나 꺼리는 것을 말할 때에 놀라서 지르는 소리.

어머나: 주로 여자들이 몹시 놀라거나 끔찍함을 느끼는 때에 내는 소리.

어부바: 어린아이에게 등에 업히라고 할 때에 하는 소리.

어뿔싸: 잘못된 일이나 언짢은 일을 알게 된 때에 뉘우쳐서 탄식하는 소리.

어어: ① 생각과 다른 뜻밖의 일을 당한 때에 내는 소리. ㉵아아. ② 때를
　　 지어 싸울 때에 기운을 내거나 돋우는 소리. ㉵아아.

어여라: ＝어기여차.

어이: ＝어이구.

어이: 평교 이하의 사람을 부르거나 대답하는 소리.

어이구: ① 몹시 아프거나 괴롭거나 지겨움을 느끼는 때에 좀 크게 내는
　　 소리. ㉜에구. ㉵아이고. ㉤어유. 어이. ② 몹시 힘이 들어 귀찮거나
　　 싫거나 못마땅함을 느끼는 때에 좀 크게 내는 소리. ㉜에구. ㉵아이
　　 고. ㉤어유. 어이. ③ 몹시 놀라거나 급작스러움을 느끼는 때에 좀
　　 크게 내는 소리. ㉜에구. ㉵아이고. ㉤어유. 어이. ④ 몹시 원통하거
　　 나 분하거나 안타까움을 느끼는 때에 좀 크게 내는 소리. ㉜에구.
　　 ㉵아이고. ㉤어유. 어이. ⑤ 몹시 기가 막히거나 너무 어이가 없음
　　 을 느끼는 때에 좀 크게 내는 소리. ㉜에구. ㉵아이고. ㉤어유. 어
　　 이. ⑥ 몹시 반갑거나 기분이 상쾌함을 느끼는 때에 좀 크게 내는
　　 소리. ㉜에구. ㉵아이고. ㉤어유. 어이.

어이구머니: "아이구"보다 더 깊고 간절함을 느끼는 때에 내는 소리. ㉜어
　　 구. ㉜어구머니. 에구머니. ㉵아이고머니.

어허라달구야: 땅을 다질 때에 여럿이 동작을 맞추거나 힘을 모으려고
　　 노래하듯 부르는 소리.

어허랑(御許郞): 과거에 급제한 사람이 유흥가에 놀러 갈 때에 장부가 앞에
　　 서 춤추며 부르던 소리.

에비: 아이들에게 "무서운 것이다."라는 뜻으로 놀라게 하는 말. 또는 그런

가상적 물건. (예) 울면 에비가 업어 간다.

에여라차: "어기여차"를 받는 소리.

에이: 속이 상하거나 마음에 달갑지 않을 때에 내는 소리.

에이그: 아주 밉거나 마땅하지 않아 한탄하거나 가엾게 느끼는 때에 내는 소리.

에이끼: 손아랫사람의 하는 짓이 못마땅하여 꾸짖을 때 내는 소리.

에쿠: 깜짝 놀라거나 절망적일 때에 스스로 내는 소리. 쎄에꾸.

에쿠나: 깜짝 놀라거나 절망적일 때에 스스로 아주 힘주어 내는 소리. 쎄에꾸나.

어쿠쿠: 몹시 마음이 아프거나 놀랐을 때에 모르는 사이에 나오는 소리. 여에구구.

에크: 몹시 가엾거나 끔찍하거나 놀랍거나 하는 일을 갑자기 볼 때 내는 소리. 쎄에끄. 여에그.

에크나: "에크"를 힘주어 내는 소리. 쎄에끄나. 여에그나.

에키: 몹시 증이 나서 생각을 딱 끊어버리려 할 때에 내는 소리. 쎄에끼. 여에기.

에헤: ① 가소롭거나 기막힐 때에 내는 소리. 짝애해. ② 노랫소리를 흥창거려 낼 때에 하는 소리.

에헤야: 힘든 일을 할 때나 노래에서 "에헤"를 멋있게 맺는 소리.

에헴: 점잔을 빼거나 "여기 내가 있다 함"을 알리기 위하여 일부러 내는 큰기침 소리. 짝애힘.

억: "에기"의 준말.

여보: ① 하오 할 자리에 있는 사람을 부르는 말. ② 부부 사이에서 서로 부르는 말.

여보게: 하게 할 자리에 있는 사람을 부르는 말.

여보세요: "여 보시오"의 통속적인 말.

여보시게: "하게" 하는 자리에 있는 사람을 좀 존대하여 부르는 말.

여보시오: "하오" 할 자리에 있는 사람을 존대하여 부르는 말. ㉤엽쇼.

여보십시오: [⊂여기 보십시오.] "합쇼" 할 자리에 있는 사람을 부르는
　　　　말. ㉤여봅시오.

여봅시오: "여기 보십시오"의 준말.

여봐라: "해라" 할 사람을 부르는 말.

영치기영차: 힘든 일을 하거나 운동 경기를 응원하는 따위에 여러 사람이
　　　　막판에 몰아치면서 잇달아 내는 소리.

예: ① 손위 사람에게 깍듯이 대답하는 말. ② 손윗사람의 말에 그리 여긴
　　다는 뜻을 나타내는 말. ③ 윗사람에게 그 자리에서 재우쳐 묻는
　　말. ㉧네.

예라: ① 아이에게 비키라는 뜻으로 하는 소리. ② 아이에게 그리 말라는
　　뜻으로 하는 소리. ③ 무슨 일을 한번 해 보겠다거나 또는 그만 두겠
　　다고 결단을 내리는 때에 내는 소리.

옛소: "여기 있소"가 줄어든 말. "하오" 할 사람에게 무엇을 주려고 할
　　때에 쓴다.

오: ① "옳지"의 뜻. ② "오냐"의 뜻.

오군만년(五軍萬年): 만에.

오냐오냐: 어린아이의 응석을 받아들일 때 하는 소리.

오래오래: 돼지를 부르는 소리.

오호라(嗚呼-): 슬픔이나 탄식을 나타낼 때에 내는 소리.

오호(嗚呼): 슬플 때나 탄식할 때 내는 소리.

오홉다[於--]: 글에 쓰이어 감탄하여 찬미할 때에 하는 말.

옹: 남을 놀리는 소리.

왕배야덕배야: 가는 데마다 시달림을 받아 괴로움을 견딜 수 없을 때에 부르짖는 소리.

요런: ① 가까이 놀라운 일이 있을 때 하는 소리. ㉰이런. ② 요러함이 준말. ㉰이런.

요렇지: ① "요"와 같이 틀림없다는 뜻으로 하는 말. ㉰이렇지. ② "요러하지"의 준말. ㉰이렇지.

왕: ① 말의 걸음을 그치게 하는 소리. ② 와3(말이나 소의 움직임을 멈추게 하는 소리).

우어⁴: 마소에게 멈추라고 외치는 소리. ㉲위.

우어우어: 잇달아 "우어" 하는 소리. ㉲워워.

우여: 새를 쫓는 소리.

워어호: 상여꾼이 상여를 메고 나갈 때에 여럿이 함께 부르는 소리.

워워: 우어우어의 준말.

으악: 자신이 갑자기 놀랐을 때나 남을 놀래기 위하여 지르는 소리.

응: ① 하게 하거나 해라 할 자리에 그의 물음이나 부름에 대답하는 소리 또는 대답을 독촉하거나 자기 말을 똑똑히 다질 때에 재우치는 소리. ㉯으응. ② 무슨 일이나 남의 말이 자기 마음에 들지 아니 할 때에 불평을 나타내는 독립한 말.

이: 남이 위태한 지경에 있을 때에 급히 주의시키는 소리.

이런: 가까이 또는 직접으로 놀라운 일이 있을 때 부르짖는 소리. ㉠요런.

이렇지: "이와 같이" 틀림없다는 말뜻으로 하는 말. ㉠요렇다.

이키나: 놀라운 일을 만나 급히 물러설 듯이 지르는 소리. ㉲이키.

일어섯: 여러 사람에게 일어서라고 하는 구령.

이끼: "이끼나"의 준말.

이끼나: 갑자기 놀라 급히 물러설 듯이 지르는 소리.

왜: 의문의 뜻을 나타낼 때에 내는 소리.

잘코사니: 미운 사람의 불행을 고소하게 여길 때에 쓰는 말.

개치네쉐: 고뿔이 물러가라는 뜻으로 재치기를 한 뒤에 외치는 소리.

거: "그것"의 뜻. (예) 거 참 좋다. 거 누구냐?

거시기: 하려는 말이 얼른 떠오르지 않거나 바로 말하기가 거북스러울
　　　　때 내는 소리.

장재(壯哉): "장하도다"의 뜻.

저: ① 생각이 갑자기 나지 않을 때 내는 말. ② 말을 꺼내기가 거북하거나
　　어색하여 좀 머뭇거릴 때 내는 말. ③ →쉬.

저런: 놀라운 일을 보거나 듣거나 하였을 때 놀라움을 나타내는 말. ㉝조
　　　런.

제: 원망스럽거나 답답할 때 내는 소리.

제기랄: 원망스럽거나 불평스럽거나 할 때에 하는 소리. ㉐제길.

제길: "제기랄"의 준말.

제미붙을: "제 어미를 붙을"이라는 뜻의 상스런 욕.

조런: 멀찍이 또는 간접으로 놀라운 일이 있을 때 부르는 소리. ㉡저런.

좋다: 느낌말로 쓰이어 즐거움, 찬성, 결의를 나타낸다.
　　　　(예) 좋구나 좋아.

죄암죄암: 죄암질을 시키는 말. ※죄암질: 젖먹이가 두 손을 쥐었다 폈다
　　　　하는 재롱. ㉡쥐엄질.

죔죔: "죄암죄암"의 준말.

쥐엄쥐엄: 쥐엄질을 시키는 말. ㉝죄암죄암.

지국총지국총: 흥을 돋으려고 부르던 어부가 후렴의 한 가지.

짝짜꿍짝짜꿍: 짝짜꿍을 시키는 말.

쩟: 못마땅하여 혀를 차는 소리.

쩟쩟: 마음에 몹시 못마땅하여 자꾸 혀를 차는 소리.

쯧쯧: 마음에 맞갖지 않아 잇달아 가볍게 혀를 차는 소리.

차호(嗟呼): 주로 글에서 슬퍼서 탄식할 때에 쓰는 말.

차홉다(嗟--): 주로 글에서 매우 슬퍼 탄식할 때에 쓰는 말.

찰코사니: =잘코사니.

천지에(天地-): 뜻밖에 몹시 심한 일을 당할 때에 한탄하는 뜻으로 내는
　　　　말. ㉮천제.

파이팅(fighting): "잘 싸우자. 잘 싸워라"는 뜻으로 외치는 구호. ㉮아자.

하하: ① 뜻하지 아니 하게 좀 놀라거나 한탄하거나 감탄할 때 내는 소리.
　　　㉞허허. ② 서운한 일을 당했을 때 가볍게 좀 근심하거나 나무라는
　　　뜻으로 하는 소리.

걸음마: 아직 걷지 못하는 어린아이에게 걸음을 익히게 할 때에 발을 떼어
　　　　놓으라고 시키는 소리.

고수레: 산이나 들에서 음식을 먹을 때나 무당이 푸닥거리를 할 때에 귀신
　　　　에게 먼저 바친다는 뜻으로 음식을 조금씩 떼어 던지며 외치는 소
　　　　리.

해: 일이 좀 순조롭지 아니 하거나 곤란할 때에 내는 소리. ㉞헤.

허허: ① 뜻하지 아니 하게 놀라거나 슬프거나 감탄할 때에 내는 소리.
　　　② 마땅하지 아니 한 일을 당했을 때 근심하거나 나무라는 뜻으로
　　　내는 소리.

후: ① 일이 고되거나 시름겨울 때 크게 숨을 내쉬는 소리. ② 어려운 일이
　　끝나서 안심하여 숨을 크게 내쉬는 소리.

흠흠: ① 마음에 흡족한 생각이 들거나 남의 말을 흥겹게 들을 때에 콧숨을
　　　자꾸자꾸 내쉬며 내는 소리. ② 무슨 말이 있을 법한데 말 없이 콧숨
　　　을 자꾸 내쉬며 내는 소리. ③ 냄새를 일부러 맡을 때에 콧숨을 자꾸

들이쉬며 내는 소리.

곤두곤두: 어린아이를 손바닥에 세우면서 어르는 말. ㉞따로따로 따따로.

그것참: 어떠한 일에 대한 느낌이 새삼스럽거나 깊다는 뜻으로 내는 말. ㉗거참.

그래: ① 해라 할 자리에 긍정의 뜻으로 대답하는 말. ② 해라나 하게나 하오 할 자리에 말을 다잡아 물을 때 쓰는 말. ③ 상대의 말에 대한 감탄이나 놀람을 나타낼 때에 하는 말. ④ 말을 마치면서 강조하는 뜻으로 덧붙이는 말.

꾸꾸꾸: =꾸꾸. ㉐구구구.

꾸꾸: 닭이나 비둘기 따위를 세게 부르는 소리.

네미: 송아지를 부르는 말.

네미: "네 어미"가 줄어든 말. 못마땅할 때 상스럽게 하는 말.

네장칠: "네 장난을 칠"의 뜻으로 욕으로 쓰는 말. ㉗녠장.

도리도리: 도리질을 시키는 말. (예) 도리도리 짝짜꿍.

뒤로돌아: 한 자리에서 뒤로 방향을 바꾸라는 구령.

브라보(bravo): "잘 한다", "좋다", "신난다" 등의 뜻으로 지르는 소리.

시: 시쁘게 생각되는 것을 나타내는 말.

쉐쉐: 어린아이가 몸을 다쳐 아파할 때에 다친 자리를 만지며 위로하는 소리.

아나나비야: 고양이를 부르는 소리. ㉑아나.

아니: ① 그렇지 않다는 뜻을 대답으로 하는 말. ② 놀랍거나 의심스럽거나 또는 감탄의 뜻을 나타낼 때에 쓰이는 말.
(예) 아니, 그게 웬 일이요?

아무렴: "아무려면"의 준말.

아뿔싸: 잘못된 일이나 언짢은 일을 알게 된 때에 뉘우쳐 탄식하는 소리.

㉗하뿔싸. ㉘어뿔싸.

아이참: 못마땅하거나 초조하거나 심란하거나 수줍어할 때에 내는 소리.

얘: ① 과연 놀랄 만하다는 뜻으로 내는 소리. ② 어린이들끼리 또는 어른
이 아이를 부르는 소리.

어: ① 놀라거나 당황하거나 초조하거나 급할 때 내는 소리. ② 상대자의
주의를 끌려는 말에 앞서 내는 소리. ㉜아.

어: 기쁘거나 슬프거나 칭찬하거나 뉘우치거나 귀찮거나 절실할 때에 내는
소리. ㉜아.

어깨총: <군> 총을 어깨에 메라는 구령.

어둥둥: "어허 둥둥"의 준말.

어디: ① 벼르거나 다짐하는 뜻을 강조하는 말. ② 남의 주의를 끄는 말.

어리일씨: 흥겨워 떠들 때 장단에 맞추어 가볍게 내는 소리.

어머머: "어머"의 힘줌말.

어야디야: "어기야디야"의 준말.

엎드려뻗쳐: 구령으로 하는 말.

에우쭈루: 옛날 벽제하느라고 외치던 소리의 하나. 병조판서 몇 각 영문의
제조, 장신 또는 지방관아의 감사, 수령이 그 경내에서 출입할 때
기수들이 앞에 나아가 부른다.

옛단쇠: 엿장수가 엿을 사라고 외치는 소리.

옛네: "여기 있네"가 줄어든 말. "하게" 할 사람에게 무엇을 주려고 할
때 쓰는 말.

옛다: "여기 있다"가 줄어든 말. "해라" 할 사람에게 무엇을 주려고 할
때 쓰는 말.

옛습니다: "여기 있습니다"가 줄어든 말. "합쇼" 할 사람에게 무엇을 주려
고 할 때 쓰는 말.

와: 소나 말의 움직임을 멈추게 하느라고 내는 소리.

왜: 의문의 뜻을 나타낼 때에 내는 소리.

우아: ① 뜻밖에 기쁜 일을 당했을 때에 내는 소리.

우향우: 한 자리에서 오른쪽으로 90도 방향을 바꾸라는 구령.

원: 뜻밖의 일이나 놀랐을 때나 마음에 언짢을 때에 느끼어 하는 말.

웬: "웬 것을"이 줄어든 말로 "어떻게 그렇게 될 수 있나" 하는 뜻을 나타내
    는 말.

응애응애: 갓난아이의 울음소리.

이개: 개를 쫓는 소리. ㉱요개.

이리위: 전날 신은을 불릴 때에 앞으로 나오라고 불리는 쪽의 하인들이
    외치는 소리.

오냐오냐: 어린아이의 응석을 받아들일 때 하는 소리.

오냐: "해라" 할 사람의 부름에 대답하는 소리.

이영차: 여러 사람이 힘을 한목 모아서 쓸 때 지르는 소리. ㉰여차. 영차.
    ㉬이어차.

자: ① 어떤 일이나 행동을 하기 전에 남의 주의를 일으키려고 하는 말.
    ② 남에게 어떤 행동을 권하거나 재촉할 때에 하는 말. ③ 좀 안타깝
    거나 의아스러운 일을 당하였을 때에 혼잣소리로 하는 말.

체: 못마땅하여 아니꼬울 때나 불평스럽게 탄식할 때에 내는 소리. ㉬차.

치: ① 절구질, 도끼질 따위와 같이 힘든 동작을 연거푸 할 때에 내는 소리.
    ② 체.

카: 몹시 맵거나 독한 냄새가 코를 찌를 때에 내는 소리. ㉠커.

커: 맛이 맵거나 냄새가 몹시 독할 때에 내는 소리. ㉱카.

하: ① 기쁨, 슬픔, 걱정, 노여움, 한탄 따위의 감정을 가볍게 나타내는
    소리. ㉠허. ② 안타깝거나 기가 막히거나 하는 느낌을 가볍게 나타

내는 소리. ㉣허.

허: ① 기쁨, 슬픔, 걱정, 한탄 따위의 감정을 거볍게 나타내는 소리. ㉣하.

② 안타깝거나 기가 막히거나 어이가 없는 느낌을 거볍게 나타내는

소리. ㉣하.

허뿔싸: 이미 한 일의 잘못을 깨닫거나 깜짝 잊고 일을 그르칠 때 따위에

깜짝 놀라서 내는 소리. ㉠어뿔사. ㉣하뿔싸.

흠: ① 코로 비웃는 소리. ② 신이 나서 감탄하는 소리.

힝: 코웃음을 웃는 소리.

힝힝: 잇달아 코웃음을 웃는 소리.